FIT FOR
BUSINESS

W0034078

In der gleichen Reihe erschienen:

Zum Autor:

Rainer Neuhäuser, Lic. oec. Hochschule St. Gallen, ist erfolgreicher Unternehmensberater in Stuttgart; seit Jahren begleitet er Unternehmen bei der Realisierung ihrer Selbstständigkeit – von der Finanzierung bis hin zum strategischen Controlling.

Wir freuen uns über Ihr Interesse an diesem Buch. Gerne stellen wir Ihnen kostenlos zusätzliche Informationen zu diesem Programmsegment zur Verfügung. Bitte sprechen Sie uns an:

E-Mail: walhalla@walhalla.de
http://www.walhalla.de

Rainer Neuhäuser

Schnellkurs: Betriebswirtschaft für Start-Ups

■ Mit kühlem Kopf durch den
Finanz- und Kostendschungel

FIT FOR BUSINESS

Die Deutsche Bibliothek - CIP-Einheitsaufnahme

Neuhäuser, Rainer:
Schnellkurs: Betriebswirtschaft für start-ups : mit kühlem Kopf durch den Finanz-
und Kostendschungel / Rainer Neuhäuser. – Regensburg ; Düsseldorf ; Berlin :
Fit for Business, 2001
  (Fit for business ; 601)
  ISBN 3-8029-4601-4

Zitiervorschlag:
Rainer Neuhäuser, Schnellkurs: Betriebswirtschaft für Start-Ups
Regensburg, Düsseldorf, Berlin 2001

Genehmigte Taschenbuchausgabe.
Titel der früheren Originalausgabe: „Betriebswirtschaft für Existenzgründer"

  Produktion: Walhalla Fachverlag, 93042 Regensburg
  Umschlaggestaltung: Gruber & König, Augsburg
  Druck und Bindung: Westermann Druck Zwickau GmbH
  Printed in Germany
  ISBN 3-8029-4601-4

Nutzen Sie das Inhaltsmenü:
Die Schnellübersicht führt Sie zu Ihrem Thema.
Die Kapitelüberschriften führen Sie zur Lösung.

Inhalt

2 **Im Überblick:**
Planung – Kostenrechnung – Controlling 31

3
Existenzgründungsplanung 37

6 **Hilfreiche Adressen** ....

Abkürzungen

AfA/Afa   Abschreibung: Absetzung für Abnutzung

AO   Abgabenordnung

BAB   Betriebsabrechnungsbogen

EStG   Einkommensteuergesetz

HGB   Handelsgesetzbuch

KER   Kurzfristige Erfolgsrechnung

MMPS   „Marcello's Magic Pizza Service"

ROI   Return on investment (= Kennzahl; mit der Bedeutung: Rentabilität des Gesamtvermögens)

USt   Umsatzsteuer

Vorwort

Der Schritt in die Selbständigkeit ist mit Sicherheit einer der wichtigsten Meilensteine im Leben jedes Existenzgründers. Dabei steht die Aussicht auf hohe Gewinne nicht immer im Vordergrund: Als Unternehmer verfügen Sie über Freiheiten wie Entscheidungsfreiheit oder freie Arbeitszeiteinteilung, die ein Angestellter nur in den seltensten Fällen hat.

Der Vielzahl von Möglichkeiten und Chancen stehen jedoch auch beachtliche wirtschaftliche Risiken gegenüber:

● Die Geschwindigkeit der Veränderungen nimmt in allen Bereichen zu. Technologien, Absatzmärkte oder Kundenwünsche verändern sich immer rascher und immer grundlegender. Wer nicht mithalten kann, wird zwangsläufig scheitern.

● Die Erfahrung lehrt jedoch bedauerlicherweise auch, daß eine Vielzahl von Existenzgründungsprojekten aufgrund unzureichender Vorbereitung erfolglos bleiben. In der Euphorie der Gründungsphase werden Lücken im Unternehmenskonzept übersehen, die später entweder gar nicht oder zu spät erkannt werden. Für eine Kurskorrektur fehlt dann meistens das Geld oder die Zeit.

Genau hier setzt dieses Buch an: Bei der Erarbeitung einer fundierten Unternehmensplanung erkennen Sie automatisch die kritischen Faktoren, die Sie als künftiger Unternehmer in der Startphase beachten müssen.

Dabei werden Sie zwangsläufig eine ganze Reihe von Parametern schätzen müssen. Als Existenzgründer können Sie nunmal nur in den seltensten Fällen auf mehrjährige Erfahrungen in Ihrem künftigen Geschäft zurückgreifen.

Dies bedeutet jedoch, daß Sie in der Wachstumsphase Ihres Unternehmens die Entwicklung von Umsatz, Kosten und Liquidität nicht aus den Augen verlieren dürfen. Dabei hilft Ihnen die Kostenrechnung. Aus dieser können Sie beispielsweise erkennen, welche Produkte hohe Gewinne abwerfen oder welche Kosten durch Investitionen entstehen.

Die Entwicklung Ihres Unternehmens wird in aller Regel nicht exakt nach Plan verlaufen. Ironischerweise bringt gerade ein zu rasches Wachstum in der Gründungsphase die Gefahr mit sich, den Überblick zu verlieren und dadurch vom eigentlichen Kurs abzukommen.

Mit Hilfe der Instrumente des Controlling sind Sie jedoch jederzeit in der Lage, Ihre aktuelle Position im Ozean der Marktwirtschaft festzustellen und bei unvermeidbaren Kursabweichungen das Steuerruder in die richtige Richtung zu bewegen.

Um nochmals das Beispiel aus der Seefahrt zu zitieren: Als Unternehmer sind Sie gleichzeitig Steuermann und Kapitän Ihres Schiffes. Setzen Sie daher einen klaren Kurs und erlernen Sie den Umgang mit Kompaß und Sextant. Dann dürfte – günstige Winde vorausgesetzt – Ihrem Erfolg nichts mehr im Wege stehen.

In diesem Sinn wünsche ich Ihnen bei Ihrem Existenzgründungsprojekt viel Erfolg – oder um im Bild zu bleiben: Allzeit eine steife Brise.

Rainer Neuhäuser

Einleitung:
warum Sie dieses Buch lesen sollten

Der Schritt in die Selbständigkeit ist ebenso faszinierend wie anspruchsvoll. Kreative Ideen, Fachwissen und hohes persönliches Engagement sind wesentliche Eckpfeiler des künftigen Erfolgs.

Ebenso grundlegend ist jedoch die sorgfältige Vorbereitung Ihres Existenzgründungsprojektes. Zu häufig scheitern junge Unternehmer bereits nach wenigen Monaten an Kapitalmangel oder fehlender Liquidität. Dabei wäre vieles mit einer fundierten und realistischen Planung vorhersehbar und damit zumindest ein Stück weit vermeidbar gewesen.

Ähnliches gilt für Unternehmen, die dank hervorragender Produkte oder Dienstleistungen nach der Gründung sehr rasch wachsen. Ohne ein Verständnis der Kostenstrukturen und der entscheidenden Kennzahlen laufen Sie als Unternehmer Gefahr, den „strategischen Kurs" Ihres Unternehmens aus den Augen zu verlieren.

Dieses Buch soll Sie dabei unterstützen, den richtigen Kurs zu setzen und diesen anschließend auch zu halten.

Zum Üben: „Marcello's Magic Pizza Service"

Da vieles im Bereich Unternehmensplanung, Kostenrechnung und Controlling auf den ersten Blick relativ „trocken" ist, wurde „Marcello's Magic Pizza Service" (kurz: MMPS) erfunden – stellvertretend für viele Existenzgründungsprojekte. Marcello plant, einen eigenen Pizza-Service zu gründen. Dabei baut er vor allem auf seine Kenntnisse als Koch und die Rezepte seiner Großmutter, die diesen Familienschatz seit Jahrzehnten hütet.

Ein Pizza-Service eignet sich aus einer ganzen Reihe von Gründen besonders gut als Anschauungsbeispiel:

- Jeder hat diese „Geschäftsidee" schon einmal live erlebt. Ein Pizza-Service stellt keine unüberwindlichen Anforderungen an Technologien oder Verfahren. Die Unternehmensgröße ist meist relativ überschaubar.

- Marcello stellt selbstverständlich seine Pizzas selbst her. Damit kommen die wesentlichen Aspekte eines Fertigungsunternehmens zur Geltung. Er muß einen Ofen kaufen, Mitarbeiter einstellen usw.

- Manche Artikel sind dagegen reine Handelswaren – zum Beispiel die Getränke. Diese Produkte stehen damit stellvertretend für das Sortiment eines klassischen Händlers. Hier läßt sich ganz anders planen und kalkulieren.

Begleiten Sie Marcello bei der Unternehmensplanung, dem Aufbau einer leistungsfähigen Kostenrechnung und der Einrichtung eines effizienten Controllings. Sie finden hierzu in jedem Kapitel Beispieltabellen oder Berechnungen.

Hinweis:

Bitte beachten Sie dabei, daß alle Sachverhalte und insbesondere die dargestellten Planungswerte völlig willkürlich und frei erfunden sind! Außerdem mußte aus Platzgründen vieles bewußt vereinfacht dargestellt werden. Die gesamten Rahmenbedingungen bei der Eröffnung eines Pizza-Service wie beispielsweise öffentliche Genehmigungen, spezielle Bestimmungen im Arbeitsrecht oder im Umgang mit Nahrungsmitteln usw. sind daher nicht berücksichtigt worden. – Starten Sie keinen eigenen Pizza-Service auf der Basis der Unternehmensplanung von „Marcello's Magic Pizza Service"!

So bereiten Sie sich optimal vor

1

1. Die Basis: Ihr Unternehmenskonzept

Jede Unternehmensgründung setzt eine sorgfältige Vorbereitung voraus. In aller Regel sammeln Sie zuerst eine Vielzahl von Informationen zu Ihrem Absatzmarkt, den potentiellen Käufern, Ihren Konkurrenten und möglichen Standorten für Ihr Unternehmen.

Die Ergebnisse fassen Sie dann in einem sogenannten Unternehmenskonzept zusammen. Ein Unternehmenskonzept besteht dabei im Regelfall aus vier Abschnitten:

Abschnitt 1: Generelle Beschreibung Ihres Vorhabens

In diesem ersten Teil legen Sie fest, welche Produkte oder Dienstleistungen Sie an welche Zielgruppe in welcher Region verkaufen möchten. Beschreiben Sie, welche Eigenschaften Ihre Produkte von jenen der Wettbewerber unterscheiden sollen. Setzen Sie dabei konsequent die Brille der Kunden auf: Meist besteht ein Widerspruch zwischen den hohen Ansprüchen der Käufer bezüglich Qualität und Haltbarkeit – und dem Preis, den sie dafür bezahlen wollen. Abschließend erläutern Sie die Rechtsform sowie den geplanten Standort Ihres Unternehmens.

Abschnitt 2: Angaben zu Ihrer Person und evtl. weiterer Mitgesellschafter

Hierzu gehört einerseits ein detaillierter Lebenslauf sowie die klare Beschreibung Ihrer persönlichen wie fachlichen Qualifikationen. Erläutern Sie dabei vor allem jenes Wissen oder jene Eigenschaften, die Sie als Unternehmer auszeichnen. Dabei stehen acht Faktoren im Vordergrund:

- fachliche Qualifikation und Erfahrung in der Branche
- Kontaktfreudigkeit
- Durchsetzungs- und Überzeugungskraft
- Entscheidungsstärke

- Kreativität

- Bereitschaft, Risiko und Verantwortung gleichzeitig zu übernehmen

- Erfahrung in der Führung von Mitarbeitern

- Gesundheit

Wichtig:

Verdeutlichen Sie die Bereitschaft Ihrer Familie, Sie in der schwierigen und risikobehafteten Gründungs- und Aufbauphase zu unterstützen.

Ähnliches gilt für die gegebenenfalls vorgesehenen Mitgesellschafter.

Abschnitt 3: Ihr Marketing-Konzept

Im Marketing-Konzept beschreiben Sie detailliert, welche Kunden Sie mit welchen Produkten oder Dienstleistungen beliefern wollen. Dort finden sich konkrete Aussagen zu Themen wie:

- Struktur der Zielgruppen und deren Kaufgewohnheiten

- Beschreibung der Absatzregionen, die Sie beliefern wollen

- Art der Vertriebswege

- Merkmale, die Ihre Produkte von jenen Ihrer Wettbewerber unterscheiden sollen – aus Sicht Ihrer potentiellen Kunden

- geplante Marketing-Aktionen

- Stärken- und Schwächen-Analyse Ihrer künftigen Wettbewerber

Stellen Sie diese Aussagen nun dem geschätzten Marktpotential gegenüber. Ist noch ungenutztes Potential vorhanden – oder sind Sie gezwungen, andere Wettbewerber aus dem Markt zu verdrängen?

Abschnitt 4: Ihre Unternehmensplanung

Diese umfaßt drei Elemente:

- Gewinn- und Verlust-Planung (kurz: GuV-Planung): Die GuV-Planung ergibt sich als Differenz zwischen den geplanten Umsätzen und den anfallenden Kosten. Sie erkennen daraus, wie hoch der am Jahresende erwirtschaftete Gewinn sein wird.

- Liquiditätsplanung: Im Liquiditätsplan stellen Sie die Einnahmen aus Verkäufen allen Ausgaben gegenüber. Die Liquiditätsplanung berücksichtigt im Gegensatz zur GuV-Planung nur konkrete Zahlungsströme wie Bargeld, Schecks oder Überweisungen. Zudem ist der exakte Zeitpunkt des Geldeingangs oder der Belastung Ihres Kontos von hoher Wichtigkeit.

- Investitionsplanung: Hier stellen Sie alle benötigten Gebäude, Maschinen oder Fahrzeuge zusammen. Vergleichen Sie nun die Summe der Investitionen mit Ihrem Eigenkapital. Falls eine Lücke besteht, müssen Sie diese mit Fremdkapital schließen.

2. Erfolgsfaktor: fundierte Unternehmensplanung

Die Unternehmensplanung beantwortet drei Fragen, die für Sie, Ihre Partner und nicht zuletzt auch für Banken oder andere Geldgeber von hoher Wichtigkeit sind:

- Erwirtschaftet Ihr Unternehmen einen Gewinn?
  ⇨ Gewinn- und Verlust-Planung

- Ist Ihr Unternehmen jederzeit zahlungsfähig?
  ⇨ Liquiditätsplanung

- Wieviel Kapital wird von wem benötigt – und wofür wird es eingesetzt?
  ⇨ Investitionsplanung

Bitte denken Sie daran: Die Planung ist für Sie, für Ihr persönliches Schicksal grundlegend. Es geht um Ihre Existenz.

Achtung:

Natürlich hilft Ihnen die Unternehmensplanung auch in Verhandlungen mit Banken, Versicherungen oder anderen Partnern.

Eine Unternehmensplanung ist niemals „endgültig fertig". Gerade bei einer Unternehmensgründung fehlen vielfach Erfahrungswerte oder exaktes Datenmaterial und nicht alle Geschäftsideen lassen sich immer 1:1 umsetzen.

Daher sind auch Ihre Planungen laufend zu aktualisieren – ausgelöst durch Veränderungen im Markt oder auf der Basis von eigenem, in der Praxis gewonnenen Datenmaterials (z. B. Maschinenleistung pro Stunde, Ausschuß-Quoten usw.). Hierfür liefert die Kostenrechnung wichtige Basis-Informationen. Eine Schritt-für-Schritt-Einführung in die Kostenrechnung finden Sie ab Seite 121.

3. So vermeiden Sie typische Fehler!

Es gibt eine Reihe von Fehlern, die – meist in Kombination – zum Scheitern von Existenzgründungen führen. Dabei stehen drei Ursachen an oberster Stelle:

- Mängel im Finanzierungskonzept

- Informationsdefizite

- Ungereimtheiten in den Planungzahlen

Das Erstellen Ihrer Unternehmensplanung setzt genau hier an – und erhöht dadurch Ihre Erfolgschancen in viererlei Hinsicht:

Kenntnis der wichtigsten Begriffe und Zusammenhänge

Im Laufe der Unternehmensplanung gewinnen Sie einen Überblick über die Unterschiede und Zusammenhänge von Begriffen wie Umsatz, Kosten oder Liquidität. Gerade in Gesprächen mit Banken oder Förderinstitutionen ist dies von hoher Wichtigkeit.

Informationsdefizite frühzeitig erkennen

Erfahrungsgemäß werden Sie trotz intensiver Vorbereitung nicht alle Fragen, die Sie im Zuge der Unternehmensplanung zu beantworten haben, sofort und umfassend beantworten können.

Dies mag anfänglich etwas frustrieren – sollte es aber nicht: In diesem Buch finden Sie eine Vielzahl von Tips und Tricks, wie Sie an die noch fehlenden Informationen kommen (siehe Seite 25).

Kritische Einflußgrößen klar dokumentieren

Als Existenzgründer können Sie nicht über alle Daten aus eigener, langjähriger Erfahrung verfügen. Sie betreten zwangsläufig Neuland. Daher ist es notwendig, die grundlegenden Annahmen und die wichtigsten Einflußgrößen in Ihrer Unternehmensplanung festzuhalten. Damit haben Sie die Möglichkeit, Abweichungen rasch zu erkennen und gegenzusteuern.

Dabei kommt es nicht auf höchste Genauigkeit an: Grobe Schätzungen genügen – sofern Sie diese regelmäßig auf ihre Gültigkeit prüfen und gegebenenfalls anpassen.

Entscheidungen fundieren und Effekte simulieren

Als Existenzgründer stehen Sie vor einer Vielzahl von Entscheidungen mit grundlegender Bedeutung. Meist betrifft es die Anschaffung von Maschinen, die Einstellung von Mitarbeitern oder den Aufbau eines Lagers. Doch auch die Frage, ob ein Fahrzeug gekauft oder geleast werden soll, kann beachtliche Auswirkungen haben.

Die Unternehmensplanung ermöglicht die sorgfältige Prüfung der Entscheidungen. Sie können die Auswirkungen auf Gewinn oder Liquidität rasch erkennen.

Dies gilt ebenfalls für die Auswirkungen von veränderten Planungsgrundlagen wie beispielsweise geringere Absatz-Stückzahlen oder höhere Preise für Rohmaterialien.

Praxis-Tip:

Simulieren Sie mit den Planungstabellen diese Konsequenzen für Umsatz, Gewinn oder Ihren Bestand an Bargeld. Auf dieser Basis können Sie rasch notwendige Gegenmaßnahmen ergreifen.

4. Wo Sie die notwendigen Informationen erhalten

Glücklicherweise gibt es für Existenzgründer eine Vielzahl von Möglichkeiten, die benötigten Informationen zu erhalten. Vielfach werden sie aber nicht genutzt – aus Unkenntnis oder auch aus falsch verstandener Zurückhaltung.

Praxis-Tip:

Vergleichen Sie die Aussagen Ihrer Gesprächspartner mit Ihren eigenen Erfahrungen. Jedes Interview oder jede Recherche fügt wieder ein Steinchen in Ihr Unternehmenskonzept.

In der Planungsphase sind folgende Informationsquellen von besonderer Wichtigkeit:

Banken

In vielen Fällen wird die Erfahrung der Bankmitarbeiter unterschätzt. Kompetente Ansprechpartner finden Sie in der Regel in den Kreditabteilungen größerer Niederlassungen. Dort erhalten Sie nicht nur konkrete Informationen über Förderprogramme, Investitionszulagen und die notwendigen Sicherheiten. Sie können meist auch vom branchenübergreifenden Wissen der Banken profitieren. Sprechen Sie daher in jedem Fall frühzeitig mit Ihrer Hausbank.

Statistische Ämter von Bund, Ländern und Gemeinden

Hier finden Sie eine Fülle an Datenmaterial aller Art. Meist erhalten Sie auch Tips und Tricks für weitere Recherchen, Informationsquellen oder die Veröffentlichungstermine neuer Umfragen. – Auch hier gilt in aller Regel: Fragen kostet nichts.

Marktforschungsinstitute

Die hier verfügbaren Daten sind meist wesentlich spezifischer auf Ihren künftigen Markt zugeschnitten als jene der statistischen Ämter. Allerdings sind diese Informationen meist kostenpflichtig oder werden nur ausgewählten Firmen zur Verfügung gestellt.

Fragen Sie nach, ob ein Einblick in Zusammenfassungen möglich ist. Eventuell sind auch Studien aus den Vorjahren öffentlich zugänglich.

Betriebsvergleiche

Betriebsvergleiche werden für eine Vielzahl von Branchen erstellt. Darin finden Sie eine Reihe von wichtigen Kennzahlen, anhand derer Sie manches über die Branche erfahren. Klassische Kennzahlen sind beispielsweise Umsatz pro Mitarbeiter, Materialkosten in Prozent vom Umsatz oder die Lagerumschlagshäufigkeit. Anhand der Kennzahlen in Ihrer Branche können Sie zumindest die Plausibilität Ihrer Planungen grob prüfen. Eine detaillierte Erläuterung dieser Kennzahlen finden Sie zudem auf Seite 180 ff.

In vielen Fällen werden auch verschiedene Betriebsgrößen unterschieden. Dies verbessert die Aussagekraft der Werte erheblich.

Herausgeber von Betriebsvergleichen sind:

- Industrie- und Handelskammern
- Zentralverbände einzelner Branchen
- betriebswirtschaftliche Institute von Verbänden

- spezialisierte Lehrstühle an Universitäten oder Fachhochschulen

- regionale Rationalisierungskuratorien (RKW)

- Stiftungen (beispielsweise Steinbeiss-Stiftung)

Praxis-Tip:

Die Betriebsvergleiche sind für eine Vielzahl von Branchen aktuell verfügbar – und meist auch für Existenzgründer ohne größere Kosten zugänglich.

Existenzgründungsberater

Dies können je nach Themengebiet unterschiedliche Personen sein: In steuerlichen und finanziellen Fragen kann Sie der Steuerberater unterstützen. Wichtige Verträge oder die Formulierung Ihrer Allgemeinen Geschäftsbedingungen sollten Sie mit einem Rechtsanwalt diskutieren.

Innungen und Kammern verfügen über qualifizierte Gesprächspartner bei der Klärung, ob

- Sie für Ihr Unternehmen eine Erlaubnis benötigen oder bestimmte fachliche und persönliche Qualifikationen nachweisen müssen.

- der geplante Firmenname verwendet werden darf.

- eine Eintragung im Handelsregister oder in der Handwerksrolle erfolgen kann oder muß.

- Sie Fördermittel beantragen können.

Achtung:

Einige Industrie- und Handelskammern haben Existenzgründungsbörsen eingerichtet. Dort finden Sie gegebenenfalls auch interessante Angebote.

Wichtig:

Patentanwälte helfen meist bei der Absicherung Ihrer Produktinnovationen.

Fachverlage

Die Redakteure von Fachzeitschriften beschäftigen sich sehr intensiv mit der jeweiligen Branche und verfügen daher über ein fundiertes Wissen. Im Regelfall läßt sich ein Gesprächstermin vereinbaren. Fragen Sie, ob die dortigen Archive öffentlich zugänglich sind.

Technologie-Parks

In den letzten Jahren sind in Deutschland eine Reihe von Technologie-Parks gegründet worden, in denen sich junge Unternehmen ansiedeln können. Auch dort erhalten Sie eine Vielzahl von Informationen.

Checkliste: Vorbereitungsphase

- Nehmen Sie sich ausreichend Zeit für ein fundiertes Marketing-Konzept.

- Sammeln Sie möglichst umfassend alle verfügbaren Informationen.

- Erarbeiten Sie auf dieser Basis Ihre Unternehmensplanung.

- Falls Sie nur grob schätzen können: Halten Sie Ihre Überlegungen schriftlich fest, um so später Abweichungen schneller erkennen zu können.

- Denken Sie daran, schon in der Startphase Ihres Unternehmens eine funktionierende Kostenrechnung aufzubauen. Dies ist heute mit kostengünstiger Software vergleichsweise einfach machbar.

Im Überblick: Planung – Kostenrechnung – Controlling

2

1. Wie alles zusammenhängt

Die grundlegende Bedeutung einer fundierten Unternehmensplanung ist bereits im ersten Kapitel sehr deutlich zum Aus-
druck gekommen.

Nun werden Sie mit hoher Sicherheit eine Reihe von Werten
und Parametern nur als grobe Schätzungen angeben können.
Dies ist als Existenzgründer kaum zu vermeiden. Daraus folgt
jedoch, daß Sie diese Faktoren im Laufe der Geschäftstätigkeit
fundieren und gegebenenfalls anpassen müssen. Genau hier
setzen die Kostenrechnung und das Controlling an. Die beiden
folgenden Abschnitte sollen Ihnen einen ersten kurzen, aber
anschaulichen Überblick über diese beiden Bereiche geben,
bevor Sie ab Abschnitt 3 in die konkrete Unternehmensplanung
einsteigen.

2. Kostenrechnung

Die Kostenrechnung gliedert sich in drei Teilbereiche:

- Kostenarten-Rechnung
- Kostenstellen-Rechnung
- Kostenträger-Rechnung

Dabei sind die Bereiche sehr eng miteinander verknüpft. Jeder
liefert Ihnen wichtige Erkenntnisse, die Sie für die Steuerung
Ihres Unternehmens benötigen.

Kostenarten-Rechnung

Möchten Sie wissen, welche Kosten in den letzten Monaten in
welcher Höhe angefallen sind? Diese Frage beantwortet Ihnen
die Kostenarten-Rechnung. Dabei werden meist fünf Bereiche
unterschieden:

- Material: Rohmaterial, Betriebsstoffe, Handelsware usw.
- Personal: Löhne, Gehälter inklusive deren Nebenkosten usw.

- Dienstleistungen: Mieten, Versicherungen, Werbekosten usw.

- Öffentliche Abgaben: Gebühren, Beiträge, diverse betriebliche Steuern usw.

- Kalkulatorische Kosten: Abschreibungen, Rückstellungen usw.

Sie wissen nun, welche Kosten verursacht wurden – aber nicht wo und warum.

Kostenstellen-Rechnung

Die Auswertung der Kostenstellen-Rechnung zeigt Ihnen auf, an welchen Orten oder in welchen Bereichen Ihres Unternehmens die ermittelten Kosten entstanden sind.

Meist werden die Kostenstellen nach Funktions-Typen gegliedert. Dies mag auf den ersten Blick etwas akademisch klingen, ist aber in der Praxis relativ einfach durchzuführen. Ein Handelsbetrieb unterscheidet beispielsweise die Funktions-Typen:

- Warenlager – von Wareneingang bis Versand

- Einkauf

- Verkauf

- Vertrieb

- Verwaltung

Aus der Kombination von Kostenarten- und Kostenträger-Rechnung können Sie nun beispielsweise ermitteln, wie sich die Personalkosten in Vertrieb und Verwaltung entwickeln oder wie hoch Ihre Abschreibungen für die Ausstattung im Warenlager sind.

Eine zentrale Frage ist jedoch weiterhin unbeantwortet: Mit welchen Produkten oder Aufträgen haben Sie einen zufriedenstellenden Gewinn erwirtschaftet – und wo sind Sie nur knapp an der Nullmarke vorbeigeschrammt?

Kostenträger-Rechnung

Die Antworten auf die Frage, mit welchen Produkten oder Aufträgen Sie Gewinne erwirtschaften, können Sie aus den Daten der Kostenträger-Rechnung ableiten.

Die Kostenträger-Rechnung wird daher einerseits benötigt für die Vor- und Nach-Kalkulation von Produkten oder Aufträgen. Zum anderen liefert die Kostenträger-Rechnung die Basisdaten für verschiedene Wirtschaftlichkeits-Analysen. Im Blickpunkt sind dabei meist die erzielbaren Umsätze und notwendigen Kosten für verschiedene

- Absatzwege: Über Händler oder Handelsvertreter oder eigener Außendienst?

- Kundengruppen: Nur wenige Großkunden oder möglichst viele Kunden?

- Absatz-Regionen: Nur lokal oder Deutschland oder Westeuropa oder gesamte Welt usw.?

Die Kostenrechnung liefert darüber hinaus auch wichtige Hintergrund-Informationen für die Auswertung von Plan-Ist-Vergleichen und zur Ermittlung von Steuerungs-Kennzahlen wie Umsatz pro Mitarbeiter.

3. Controlling

Controlling hat sehr wenig mit „Kontrolle" im klassischen Sinn zu tun. Vielmehr unterstützt Controlling Sie als Unternehmer bei

- der Analyse von Planabweichungen

- der Suche nach Ansatzpunkten für eine gegebenenfalls notwendige Kurskorrektur

- der Simulation denkbarer Entscheidungen

Controlling ist damit das Navigationsmittel des Unternehmens. Wie die Seekarten und Sextanten in der Seefahrt hilft das Controlling Ihnen, dem „Wirtschaftskapitän", dabei, den in der

Unternehmensplanung gesetzten Kurs zu halten, Riffe oder Untiefen im Markt frühzeitig zu erkennen und notwendige Kursveränderungen rasch einzuleiten. Dies ist gerade in der Gründungsphase eines Unternehmens von entscheidender Bedeutung – zumal Sie sich regelmäßig folgenden Fragen stellen:

- Wieviel Spielraum habe ich bei den Verkaufspreisen?

- Verdiene ich mein Geld mit den knapp kalkulierten „Renner"-Produkten oder mit den Spezialitäten?

- Wie verändern sich meine Kostenstrukturen durch eine größere Investition?

Existenzgründungsplanung

3

1. Die Eckpfeiler jeder Planung

Wie bereits in Abschnitt 1 beschrieben, gliedert sich die Unternehmensplanung in drei große Bereiche, die weitgehend aufeinander aufbauen:

- Gewinn- und Verlust-Planung
- Liquiditäts-Planung
- Investitions-Planung

Dabei durchlaufen Sie bei der Erstellung Ihrer Unternehmensplanung insgesamt acht Schritte.

Schritt 1:

Absatz-planung

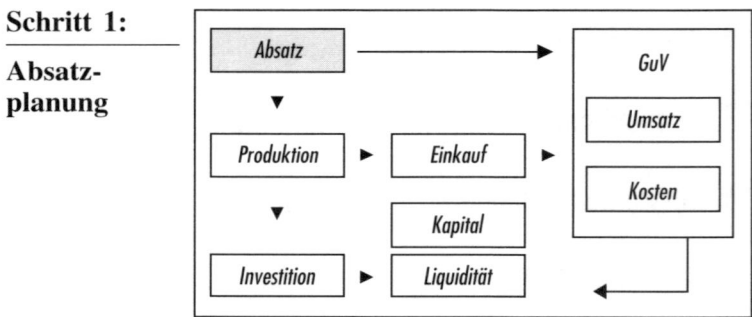

Jede Unternehmensplanung beginnt mit der Absatzplanung. Im Absatzplan legen Sie Art und Menge der zu verkaufenden Produkte oder Dienstleistungen je Planungszeitraum fest. Im Regelfall planen Sie dabei auf Monatsbasis.

Der Absatzplan beinhaltet noch keine Preise. Die Maßeinheit ist meist Stück, Tonnen oder Anzahl Stunden. Hinzu kommen jene Mengen, die Sie im Planungszeitraum auf Lager produzieren oder aus dem in Vormonaten aufgebauten Lager verkaufen wollen.

Diese Mengen sind besonders wichtig für die Erstellung des Produktionsplans und zur Steuerung Ihrer Liquidität.

Wichtig:

Der Absatzplan ist Basis für die Schritte 2 (Umsatzplan) und 3 (Produktionsplan). Sie sollten daher die Mengen mit besonderer Sorgfalt planen.

Schritt 2:

Umsatz-
planung

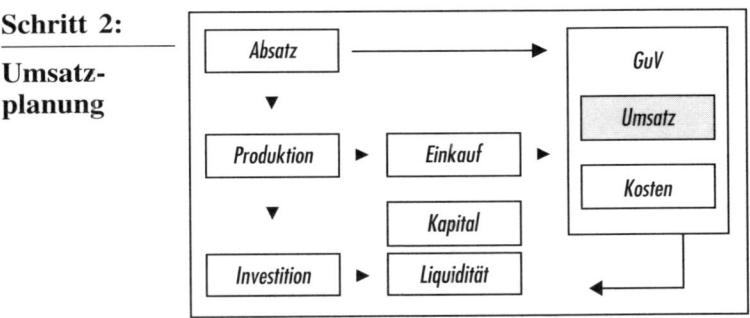

Der Umsatzplan multipliziert die Mengen-Werte des Absatzplanes mit den Verkaufspreisen je Stück.

Praxis-Tip:

Es empfiehlt sich, bei der Erstellung des Umsatzplanes eine Reihe von Einflußfaktoren wie beispielsweise Zahlungsziele, Ausfälle von Forderungen, Skonto oder „Geld-zurück-Garantien" zu prüfen bzw. festzulegen.

Dies ist besonders wichtig im Exportgeschäft oder falls Sie Ihre Produkte „schlüsselfertig" verkaufen. Besonders kritisch sind auch die in einigen Branchen immer häufiger gewährten „Geld-zurück-Garantien". Dort sind Rückgaben von bis zu fünf Prozent keine Seltenheit.

Schritt 3:

Produktions-planung

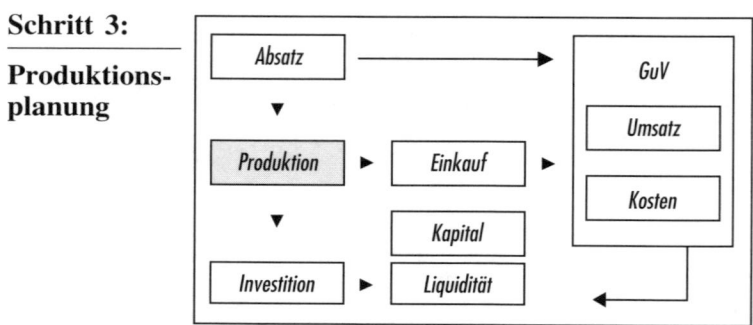

Parallel zum Umsatzplan kann der Produktionsplan erarbeitet werden. Neben den Mengen des Absatzplanes benötigen Sie für den Produktionsplan die Stücklisten, Rezepturen oder Arbeitspläne, mit denen Sie Ihre Produkte herstellen werden.

Daraus lassen sich nun die benötigten Gebäude, der Maschinenpark oder die Büro- und EDV-Ausstattung bestimmen. Diese Daten fließen in den Investitionsplan ein (Schritt 4).

Unter Berücksichtigung der gegebenenfalls vorhandenen Lagerbestände können Sie außerdem ermitteln, welche Art und Mengen Sie an Rohstoffen, Handelswaren oder Personal benötigen, welches im einzelnen im Einkaufsplan gesammelt wird (Schritt 5). Dies gilt auch für die benötigten Dienstleistungen, die Sie am Markt einkaufen.

Achtung:

Das Wort „Produktionsplan" ist daher nicht ausschließlich auf die konkrete Fertigung von Produkten gemünzt, sondern bezieht sich sehr allgemein auf alles, was Sie als Unternehmer für Ihr Unternehmen benötigen.

Schritt 4:

**Investitions-
planung**

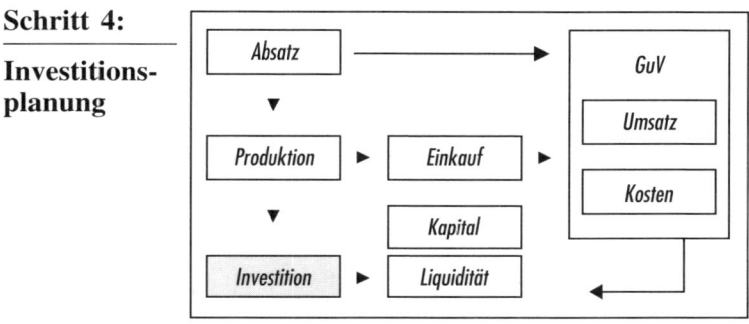

Im Investitionsplan werden alle zu kaufenden Gebäude, Maschinen, Werkzeuge, Fahrzeuge oder auch die benötigte EDV-Ausstattung gesammelt.

Dabei sollten Sie neben den zu erwartenden Kaufpreisen auch den geplanten Anschaffungszeitpunkt und die Fälligkeit der Rechnungen abschätzen oder festlegen.

Diese Summe der Kaufpreise geht in die Kapital-Planung ein (Schritt 6). Die Termine, an denen Sie die Rechnungen bezahlen müssen, übernehmen Sie in die Liquiditätsplanung (Schritt 8).

Praxis-Tip:

Für die spätere Ermittlung der Abschreibungen sollten Sie noch die Nutzungsdauer der Investitionsgüter recherchieren. Orientieren Sie sich dabei an den Abschreibungs-Tabellen der Finanzämter: Diese legen sehr detailliert fest, wie lange eine Maschine oder ein Fahrzeug im Regelfall genutzt werden kann. Im Zweifel hilft Ihnen auch Ihr Steuerberater weiter.

Schritt 5:

**Einkaufs-
planung**

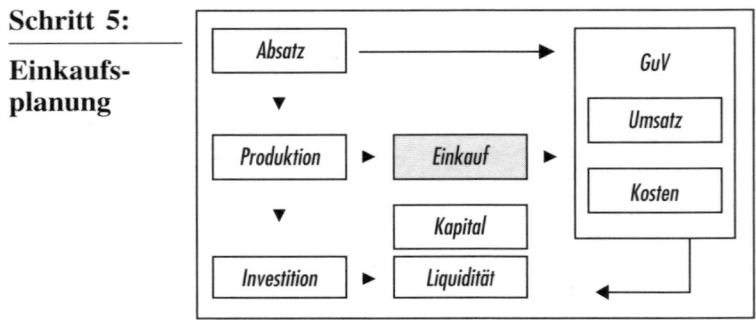

Der Einkaufsplan basiert wie der Investitionsplan auf dem Produktionsplan. Im Einkaufsplan fassen Sie die benötigten Mengen an Rohmaterialien, Personal oder Dienstleistungen zusammen. Dabei werden vorläufig nur Mengen geplant – also noch ohne Berücksichtigung der Kosten.

Vielfach unterscheiden sich Produktions- und Einkaufsplan in den Positionen Material und Personal. Dies ist im Regelfall zurückzuführen auf lange Lieferzeiten oder Einarbeitungsphasen von neuen Mitarbeitern.

Die Mengen des Einkaufsplans fließen später in den Kostenplan ein – analog zum Übergang vom Absatzplan in den Umsatzplan.

Schritt 6:

**Kapital-
planung**

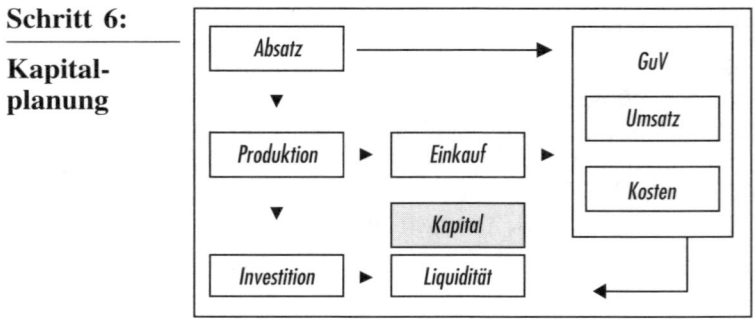

Im Kapitalplan stellen Sie den im Investitionsplan errechneten Ausgaben für Gebäude, Maschinen usw. Ihr verfügbares Eigenkapital gegenüber. Anschließend müssen Sie noch die benötigten Liquiditätsreserven für die Startphase Ihres Unternehmens berücksichtigen. Diese können Sie entweder grob abschätzen oder aus der Liquiditätsplanung (Schritt 8) entnehmen.

Achtung:
Erfahrungsgemäß ergibt sich bei Existenzgründern vielfach eine mehr oder weniger große Kapitallücke, die Sie durch Fremdkapital schließen müssen.

Schritt 7:

Kosten-planung

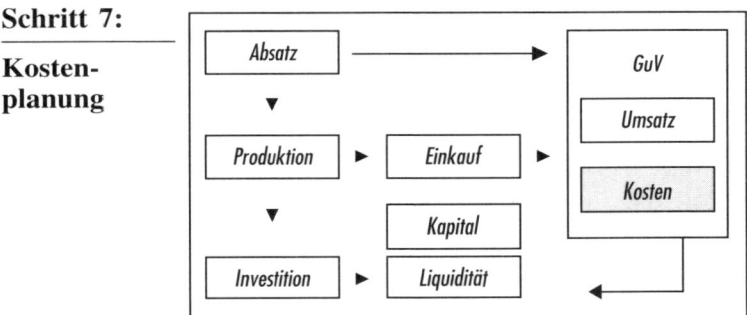

Im Kostenplan werden die Inhalte des Einkaufsplans mit den jeweiligen Einkaufspreisen multipliziert. Darüber hinaus fließen in den Kostenplan noch Abschreibungen für Ihre Investitionen oder Zinszahlungen an die Kapitalgeber ein.

Wichtig:
Gleichzeitig sollten Sie – analog zum Vorgehen beim Umsatz-plan – die Fälligkeit der Beträge oder die Möglichkeiten für Skontoabzug analysieren beziehungsweise festlegen.

Der Gewinn-und Verlust-Plan (GuV-Plan)

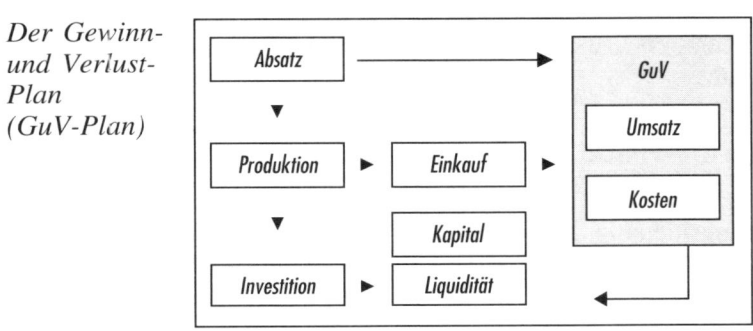

Im Regelfall werden die Werte aus der Umsatz- und Kostenplanung auf einem Blatt dargestellt. Damit sehen Sie auf einen Blick, ob Ihr Unternehmen in der Planungsperiode einen Gewinn erwirtschaftet hat oder ob Sie einen Verlust verbuchen müssen.

Schritt 8: Liquiditätsplanung

Der Liquiditätsplan übernimmt schließlich eine Reihe von Daten aus den Planungen von Umsatz, Kosten und Investitionen. Im Vordergrund stehen dabei die Zeitpunkte von Zahlungsein- oder -ausgängen.

Klassische Fragen der Liquiditätsplanung sind beispielsweise:

- Nach wieviel Tagen zahlen Ihre Kunden im Durchschnitt?
- Müssen Sie eine Anzahlung für eine Investition leisten? Falls ja: Wann und in welcher Höhe?
- Erhalten Sie Fördermittel oder Zuschüsse? Falls ja: Wann und in welcher Höhe?

Diese Informationen haben Sie jedoch weitgehend bei der Erstellung der übrigen Planungen berücksichtigt. Insofern geht es bei der Liquiditätsplanung nur darum, die verschiedenen Einnahmen und Ausgaben zeitgerecht einzuordnen.

Praxis-Tip:

In aller Regel reichen bei Existenzgründern die Liquiditätsreserven in der Startphase nicht aus. In diesem Fall sind die zusätzlich benötigten flüssigen Mittel (z. B. in Form eines Kontokorrentkredits) in die Kapitalplanung mit aufzunehmen.

Im Überblick: Planungssystematik

Sie haben nun den systematischen Aufbau einer Existenzgründungsplanung kennengelernt. Bei kleineren, überschaubaren Gründungsprojekten lassen sich einzelne Schritte zusammenfassen – beispielsweise Einkaufs- und Kostenplanung.

Praxis-Tip:

Allerdings sollten Sie nicht leichtsinnig werden: Bedenken Sie bitte, daß unvollständige oder unzureichende Planungsdaten einen Unternehmensgründer leicht dazu verleiten können, den Kapitalbedarf oder die benötigten Liquiditätsreserven zu unterschätzen. Und genau diese Faktoren sind die meistgenannten Ursachen für gescheiterte Existenzgründungen.

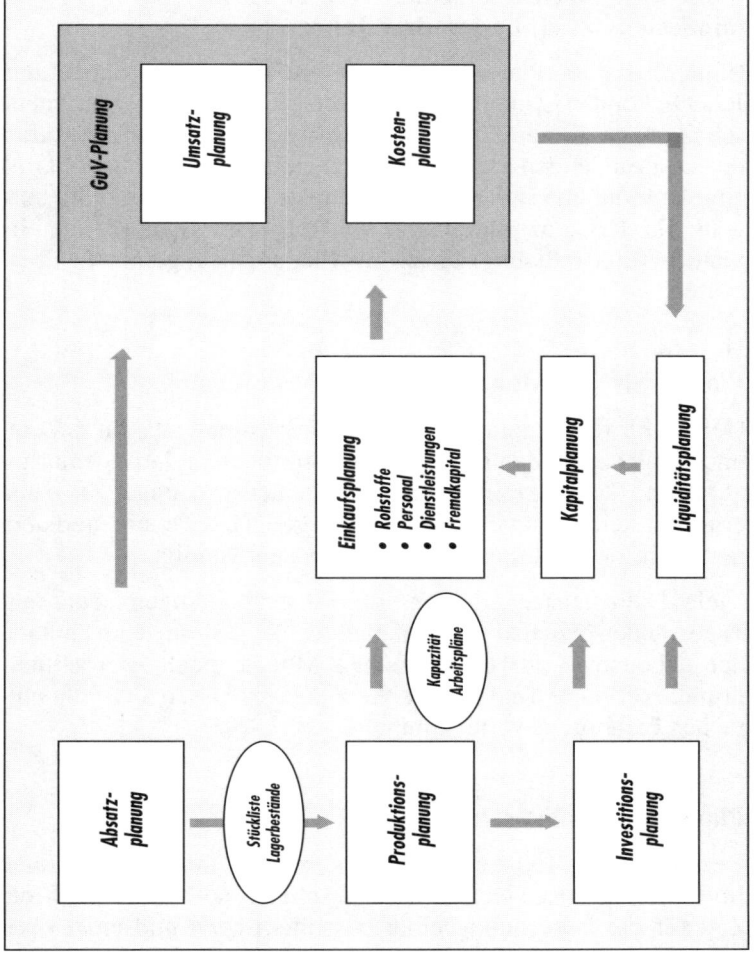

2. Die fünf Leitlinien der Unternehmensplanung

Jede Planung ist selbstverständlich auf das jeweilige Existenzgründungsprojekt anzupassen. Dennoch lassen sich erfahrungsgemäß fünf Leitlinien formulieren:

Planen Sie einen überschaubaren Horizont – mindestens zwei, besser drei Jahre

Eine Ein-Jahres-Planung ist zwar am genauesten darstellbar. Jedoch können Anlaufverluste oder die im ersten Jahr meist sehr knappe Liquidität ein zu negatives Bild der Ertragskraft des zu gründenden Unternehmens zeichnen. – Andererseits ist eine Unternehmensplanung, die spürbar über drei Jahre hinausgeht, für Existenzgründungen vielfach reine Spekulation. Sie können (und müssen) daher Ihre Planungen regelmäßig überprüfen.

Planen Sie auf Monatsbasis

Gerade für die Planung der Liquidität kommt es darauf an, ein- und ausgehende Zahlungen in der Startphase relativ exakt abzubilden. Quartalszahlen sind hierzu meist zu ungenau – und erlauben keine zeitnahen Soll-Ist-Vergleiche. Letztere sind aber gerade in der Anfangsphase dringend notwendig.

Viele Dienstleister gründen ihre Absatzplanungen sogar auf Tages- oder Wochen-Werten und rechnen diese dann anhand der Arbeitstage auf die einzelnen Monate hoch. Der Hintergrund: Auf einer Tages- oder Wochenbasis lassen sich viel einfacher Erfahrungswerte sammeln.

Planen Sie realistisch

Besonders für Existenzgründungsprojekte mit relativ hohen Investitionen in Gebäude oder Maschinen sollten Sie sich die Zeit für die Berechnung einer pessimistischen und einer optimistischen Variante nehmen. Sie erhalten dadurch ein erstes Gespür für die Höhe der Risiken, die sich aus Planungsabweichungen von kritischen Faktoren ergeben können. Die Faktoren variieren natürlich von Branche zu Branche. In Fertigungsunternehmen stehen meist die Produktivität und die Durchlaufzeiten im Vordergrund. Dienstleister achten meist auf den Auslastungsgrad Ihrer Mitarbeiter.

Achtung:

Fremdkapitalgeber wie beispielsweise Banken werden Sie mit Sicherheit nach einer pessimistischen Variante fragen.

Praxis-Tip:

Moderne Tabellenkalkulationen erlauben derartige Varianten-Rechnungen ohne übergroßen Aufwand. Verschiedene Institutionen bieten hierzu eine Vielzahl von Kursen an.

Dokumentieren Sie Ihre Annahmen oder Schätzungen

Mit hoher Wahrscheinlichkeit werden Sie eine Reihe von Werten oder Faktoren nur nach bestem Wissen und Gewissen schätzen können. Bitte notieren Sie sich Ihre Überlegungen. Sie werden in Gesprächen mit Existenzgründungsberatern oder Banken danach gefragt werden. Außerdem sind diese Notizen für spätere Abweichungsanalysen sehr hilfreich.

Prüfen Sie regelmäßig die Plausibilität Ihrer Annahmen

Gerade bei rasanten Wachstumsplänen werden Höhe und Zeitpunkt der hierfür notwendigen Investitionen unterschätzt. Gleiches gilt auch für die benötigten Lager an Rohmaterial oder Fertigwaren. Unterschätzen Sie auch das Material nicht, welches sich noch in der Fertigung befindet. Sie sollten dabei zweierlei berücksichtigen:

- Ihre Mitgesellschafter oder Kapitalgeber wie Banken oder andere Finanzinstitute kennen die Marktchancen Ihrer Produkte weit weniger, als Sie selbst es tun. Daher konzentrieren sich Ihre Gesprächspartner meist auf die Beurteilung Ihrer Person und auf die Vollständigkeit und Stimmigkeit der von Ihnen vorgelegten Unterlagen. Darin haben die Banken eine beachtliche Erfahrung.

- Nicht ausreichendes Kapital oder eine zu geringe Liquidität können Ihre Existenz gefährden. Dies sollten Sie natürlich in Ihrem eigenen Interesse möglichst vermeiden.

Hinweis:

In den nächsten Kapiteln werden Sie in die Unternehmensplanung im Detail einsteigen. Dabei durchlaufen Sie die beschriebenen Schritte nacheinander, ergänzt um Tips und Tricks aus der Praxis und Marcello's Existenzgründungsprojekt: „Marcello's Magic Pizza Service".

3. Absatzplanung

Eine detaillierte Erläuterung einschließlich Grafik zur Absatzplanung finden Sie auf Seite 51. Ein Standard-Absatzplan ist musterhaft auf Seite 54 abgebildet.

Gliederung des Absatzplans

Die Art der zu planenden Produkte oder Dienstleistungen ist je nach Branche völlig unterschiedlich. Eine „Ideal-Struktur" kann es daher nicht geben.

Die größten Unterschiede finden sich zwischen Industrie und Handel auf der einen und Dienstleistern auf der anderen Seite.

Industrie und Handel

Industrie und Handel gründen ihre Planung meist auf Sortimenten. Dabei werden verschiedene Varianten oder zusammengehörende Artikel zu Gruppen zusammengefaßt.

Beispiel:

Kataloge der großen Versandhäuser (beispielsweise Quelle oder Otto)

Die Sortimente großer Versandhäuser sind oftmals dreistufig gegliedert.

- Stufe 1: generelle Produktgruppen
  Klassische Produktgruppen sind Bekleidung, Möbel, Haushaltsgeräte, Freizeitbedarf usw. Für einzelne Produktgruppen sind Spezialkataloge auf Anforderung erhältlich, da diese sonst den Rahmen des Hauptkatalogs sprengen würden.

- Stufe 2: Kundengruppen oder Funktionen
  Je Produktgruppe wird nun feiner differenziert – beispielsweise die Produktgruppe Bekleidung nach den Kundengruppen Damen, Herren, Kinder. Analoges gilt für verschiedene Funktionen bei Haushaltsgeräten: Waschmaschinen, Trockner, Bügeleisen usw.

- Stufe 3: Verschiedene Qualitäts- oder Preisklassen
  Beispielsweise sind bei Haushaltsgeräten die leistungsstärkeren, aber höherpreisigen Artikel auf den ersten Seiten einer Produktgruppe plaziert.

In der Industrie wird dagegen in aller Regel gegliedert nach den eingesetzten Basis-Technologien, der jeweiligen Funktion, dem Strukturierungsgrad, der Zusammensetzung oder der Qualität des Produktes, z. B.:

- Basis-Technologie
  – Mechanik versus Elektronik bei Uhren, Waagen oder Instrumenten
  – Diesel- versus Elektro-Antrieb bei Lokomotiven usw.

- Funktionen oder Funktionsumfang
  – Pkw versus Lkw versus Omnibus
  – Maschinen für Einzelfunktionen (Fräsen, Drehen, Stanzen usw.) im Gegensatz zu multifunktionalen Bearbeitungszentren

- Strukturierungsgrad der Produkte
  – Standard-Produkte versus Sondermaschinen
  – Serien-Produkte im Gegensatz zu Einzelanfertigungen

- Zusammensetzung, Qualität oder Verarbeitungsform
  - unterschiedliche Stahlsorten
  - verschiedene Qualitätsstufen
  - Flachstahl versus Profilstahl usw.

Dienstleister und Handwerk

Grundlage der Planung ist in aller Regel die Anzahl der abrechenbaren Einheiten pro Tag, Woche oder Monat. Abrechenbare Einheiten sind meist Arbeitsstunden oder Arbeitstage. Je nach Bereich kann es sich hierbei aber auch um die Anzahl von Sitzungen (Psychologe), Behandlungen (Arzt, Krankengymnast) oder Seminaren pro Woche handeln.

In vielen Fällen erfolgt anschließend eine Unterscheidung nach preisbestimmenden Faktoren. Dies kann beispielsweise die Qualifikation des Ausführenden sein – also der Eigentümer selbst, ein Meister oder Vorarbeiter.

Bei einer Vielzahl von Dienstleistern berechnet sich deren Vergütung auf der Basis von gesetzlich geregelten Honorar- oder Gebührenordnungen. In diesen Fällen kommt den erlaubten Multiplikationssätzen eine besondere Bedeutung zu, z. B. Kassen- versus Privat-Patienten.

In anderen Fällen ist eine Unterscheidung nach Schwierigkeitsgrad, Dauer, Zeitpunkt oder Umfang der Dienstleistung (z. B. Wochenend-Dienste) sinnvoller.

Absatzmengen ermitteln

Als Existenzgründer können Sie meist die Werte des Absatzplans nur nach „bestem Wissen und Gewissen" abschätzen. Langjährige Erfahrungswerte liegen ja in der Gründungsphase nicht vor. Lassen Sie sich davon jedoch nicht entmutigen: Auch etablierte Unternehmen sind vor gravierenden Planungsfehlern nicht geschützt.

Praxis-Tip:

Setzen Sie sich ruhig ehrgeizige Ziele – doch bleiben Sie Realist. Prüfen Sie Ihre Zahlenwerte regelmäßig auf Plausibilität.

Checkliste: Absatzmengen

Sind alle Informationsquellen ausgeschöpft?

Für viele Konsumgüter und Dienstleistungen ist statistisches Datenmaterial verfügbar, welches Sie als Basis oder als Abgleich für Ihre Planwerte heranziehen können.

Haben Sie Ihre wichtigsten Wettbewerber genau studiert?

Mit Geduld und etwas Kreativität können Sie vieles herausfinden – auch ohne Industriespionage zu betreiben.

Können Sie die geplanten Stückzahlen auch absetzen?

Ist ausreichendes Marktpotential zu erschließen oder müssen Sie etablierte Wettbewerber verdrängen? Verfügen Sie über die Kundenbasis – oder können Sie diese rasch genug aufbauen? Haben Sie die benötigten Vertriebswege für sich erschlossen? – Viele Jungunternehmer unterschätzen die hierfür benötigte Zeit – und dann wird das Kapital sehr rasch sehr knapp.

Berücksichtigen Sie Leerzeiten in Ihrer Planung?

Die Erfahrung zeigt, daß gerade Dienstleister wie Physiotherapeuten, Fitneß-Studios oder Anbieter von Seminaren anfangs von unrealistisch hohen Auslastungsgraden ausgehen. Lassen Sie sich vom ersten Andrang bei „Schnupper"-Angeboten nicht täuschen. Stammkunden zu gewinnen und zu halten ist nicht immer leicht. – Analoges gilt für Wochen, in denen Sie wegen Geschäftsreisen, Messebesuchen oder Urlaub nicht anwesend sind. In aller Regel sinkt der Auslastungsgrad dann spürbar ab.

Sind saisonale Schwankungen und Trends berücksichtigt?

Nicht immer sind diese so offensichtlich wie bei Bademode oder Skibekleidung. Auch im Maschinenbau schwankt die Nachfrage während des Jahres – zum Beispiel stockt diese vor großen Messen oder steigt gegen Jahresende an, falls Budgets noch nicht ausgeschöpft sind.

Zu den saisonalen Schwankungen gehören auch die verschiedenen Feiertage, Ferienzeiten oder Großereignisse wie Weihnachten oder die großen Volksfeste in München, Hamburg oder Stuttgart. Denken Sie auch an große Sportereignisse wie Olympiaden oder Weltmeisterschaften: Starten Sie daher einen Handel mit Fernsehgeräten vor und keinesfalls nach einer Fußball-Weltmeisterschaft. – Berücksichtigen Sie auch gegebenenfalls die entsprechenden Termine im benachbarten Ausland.

Gerade im Konsumgüterbereich werden „Trend"-Käufe immer wichtiger. Bleiben Sie daher ständig in engem Kontakt mit Ihren Kunden. Lesen Sie die Zeitschriften der jeweiligen „Szene". Falls Sie mit sehr modischen Artikeln handeln, können Sie auch auf die Dienste von sogenannten „Trend scouts" zurückgreifen.

Haben Sie Rückgaben eingeplant?

Dies gilt besonders für Verkäufe mit „Geld-zurück-Garantie" (Baumärkte) oder im Weihnachtsgeschäft. Berücksichtigen Sie dies auch bei den Verhandlungen mit Ihren Lieferanten.

Lagerveränderungen festhalten

Für die Erstellung des Umsatzplanes genügen die bislang festgelegten Werte. Der Absatzplan ist jedoch gleichzeitig die Basis für den Produktions- und Liquiditätsplan. Daher sind im Zuge der Absatzplanung auch jene Stückzahlen zu berücksichtigen, die im Planungszeitraum auf Lager gelegt oder ab Lager verkauft werden sollen.

Planungsperioden: zwei oder drei Jahre

Planen Sie einen überschaubaren Horizont – mindestens zwei, besser drei Jahre. Ein Jahr ist zu wenig und alles über drei Jahre hinaus ist für eine typische Unternehmensgründung meist reine Spekulation. – Die Planung sollte je Monat erfolgen. Sie können dabei durchaus auf Tages- oder Wochenbasis starten und diese Werte dann auf die einzelnen Monate hochrechnen. Diese Methode wird häufig bei Dienstleistern mit starken Auslastungsschwankungen angewandt.

Gerade für die Planung der Liquidität kommt es darauf an, ein- und ausgehende Zahlungen in der Startphase relativ exakt abzubilden. Diese fallen meist monatlich an (Gehälter, Zinsen usw.). Quartalszahlen sind hierzu meist zu ungenau – und erlauben keine zeitnahen Soll-Ist-Vergleiche. Letztere sind aber gerade in der Anfangsphase dringend notwendig.

Ein Standard-Absatzplan

Die nachfolgende Tabelle verdeutlicht musterhaft den Aufbau eines Absatzplans für zwei Jahre und ist für ein dreistufiges Sortiment geeignet; es können sowohl die Absatzmengen als auch die Lagerzu- und -abgänge vermerkt werden.

Hinweis:

Ab Seite 56 wird die Absatzplanung von „Marcello's Magic Pizza Service" beispielhaft demonstriert.

Standard-Absatzplan

Jahr Monat	01 Jan	01 Feb	01 Mrz	01 Apr	01 Mai	01 Jun	01 ...	01 Dez	01 Sum	02 Jan	02 Feb	02 Mrz	02 Apr	02 Mai	02 Jun	02 ...	02 Dez	02 Sum
Absatz																		
Sortiment A – Preisklasse 1																		
Sortiment A – Preisklasse 2																		
Sortiment A – Preisklasse 3																		
Summe Sortiment A																		
Sortiment B – Preisklasse 1																		
Sortiment B – Preisklasse 2																		
Sortiment B – Preisklasse 3																		
Summe Sortiment B																		
Sortiment C – Preisklasse 1																		
Sortiment C – Preisklasse 2																		
Sortiment C – Preisklasse 3																		
Summe Sortiment C																		
Lagerzu-/abgänge																		
Sortiment A – Preisklasse 1																		
Sortiment A – Preisklasse 2																		
Sortiment A – Preisklasse 3																		
Summe Sortiment A																		
Sortiment B – Preisklasse 1																		
Sortiment B – Preisklasse 2																		
Sortiment B – Preisklasse 3																		
Summe Sortiment B																		
Sortiment C – Preisklasse 1																		
Sortiment C – Preisklasse 2																		
Sortiment C – Preisklasse 3																		
Summe Sortiment C																		

Praktische Übung:
Absatzplan von „Marcello's Magic Pizza Service"

Marcellos Marktanalysen haben ergeben, daß er eine sehr breite Palette an Pizzas anbieten muß. So sehr sich diese in der Art der Belegung unterscheiden, so ähnlich sind sie sich jedoch in der Preisfindung.

Für die Zwecke der Absatzplanung faßt Marcello die verschiedenen Pizzas wie folgt zusammen:

- zwei Belag-Versionen: Standard und Luxus
- zwei Größen: Normal und Ultra

Daneben umfaßt sein Sortiment noch drei weitere Bereiche:

- Salate, die er portionsweise verpackt verkauft
- Softdrinks in Dosen
- verschiedene italienische Weine in Flaschen

Marcello wird seinen „Marcello's Magic Pizza Service" (MMPS) zum ersten Januar gründen. Er geht nun bei seiner Planung davon aus, daß er im Januar noch nichts verkaufen wird. Er hat zwar vieles sondiert und vorbereitet – aber der Zeitbedarf für den Aufbau des Pizza-Ofens, für Kauf und Installation der Büroeinrichtung, die Einarbeitung seiner Mitarbeiter, für Flugblatt-Aktionen usw. ist nicht zu unterschätzen.

Im Januar wird er außerdem ein kleines Weinlager aufbauen. Er kauft direkt beim Hersteller in Italien, und die hohen Frachtkosten würden mehrere kleinere Lieferungen spürbar verteuern.

Der Softdrink-Vorrat kann täglich aufgefüllt werden; ein größeres Lager ist somit nicht notwendig. Da Marcello selbstverständlich keine Tiefkühl-Pizzas verkauft, kann es kein Lager an fertigen Pizzas und Salaten geben.

Er vermutet, daß sich MMPS von Februar bis April im Markt etablieren kann. In diesen drei Monaten steigen die Absatzmengen spürbar an. Allerdings werden sich die Mengen dann ab Mai stabilisieren.

Im August ist erfahrungsgemäß mit einem Sommerloch zu rechnen. Marcello wird in dieser Zeit seinen Betrieb für drei Wochen schließen.

Um später die benötigten Kapazitäten besser abschätzen zu können, baut Marcello seine Planung auf einzelne Arbeitstage auf. Wie viele andere Dienstleister unterscheidet er dabei zwischen Werktagen (Montag bis Freitag) und Wochenenden (inklusive Feiertage).

Damit ergibt sich folgender Absatzplan für das erste Jahr:

Absatzplan „Marcello's Magic Pizza Service"

Monat	p.T. Mo-Fr	p.T. Sa/So	Jan	Feb	Mrz	Apr	Mai	Jun	Jul	Aug	Sep	Okt	Nov	Dez	Sum
Anzahl Werktage (abzgl. Ferien)			0	5	12	17	19	21	23	6	22	22	20	10	177
Anzahl Wochenende/Feiertag			0	4	8	6	12	9	8	3	8	9	10	10	87
Verkaufszahlen in Stück															
Name – Größe															
Absatz (1)	(2)	(3)	(4)	(5)	(6)	(7)	(8)	(9)	(10)	(11)	(12)	(13)	(14)	(15)	(16)
Pizza Standard – Normal	20	15	0	160	360	430	560	555	580	165	560	575	550	350	4845
Pizza Standard – Ultra	20	20	0	180	400	460	620	600	620	180	600	620	600	400	5280
Pizza Luxus – Normal	20	10	0	140	320	400	500	510	540	150	520	530	500	300	4410
Pizza Luxus – Ultra	10	15	0	110	240	260	370	345	350	105	340	355	350	250	3075
Salate	10	15	0	110	240	260	370	345	350	105	340	355	350	250	3075
Softdrinks	20	10	0	140	320	400	500	510	540	150	520	530	500	300	4410
Weine	4	8	0	52	112	116	172	156	156	48	152	160	160	120	1404
Lager															
Weine – Zugang			500	0	0	0	500	0	0	0	500	0	0	0	1500
Weine – Abgang			0	-52	-112	-116	-172	-156	-156	-48	-152	-160	-160	-120	-1404
Weine – Bestand			500	448	336	220	548	392	236	188	536	376	216	96	

Erläuterungen:

Die Werte für die Stückzahlen pro Tag (Spalten 2 und 3) wurden auf der Basis von Marktanalysen und Konkurrenzbeobachtungen geschätzt.

Im Juni (Spalte 9) sollen 555 Standard-Pizzas in Normal-Größe ausgeliefert werden. Diese berechnen sich wie folgt: 21 Werktage mit je 20 Stück (Spalte 2) plus 9 Wochenenden á 15 Stück (Spalte 3) = 555 Stück

Im Januar legt Marcello 500 Flaschen Wein auf Lager. Von diesem Vorrat verkauft er im Februar 52 Stück, im März 112 Stück usw. Im Mai erfolgt eine weitere Lieferung mit 500 Flaschen.

4. Umsatzplanung

Im Umsatzplan werden die Mengen aus dem Absatzplan mit den geplanten Verkaufspreisen multipliziert (siehe auch Standard-Umsatzplan auf Seite 66). Dies ist natürlich einfacher geschrieben als getan – zumal Sie als Existenzgründer im Regelfall noch keine fundierten Kalkulationsdaten haben. Die Grundlagen hierfür erhalten Sie zum Thema Kostenrechnung ab Seite 158.

Die Erfahrung zeigt andererseits, daß es eine Reihe von Methoden gibt, den künftigen Preis je Produkt oder den Planumsatz zu ermitteln.

Ermittlung Ihrer Verkaufspreise: Tips und Tricks

So banal es klingen mag: Beschäftigen Sie sich intensiv mit den am Markt erzielbaren Preisen für jene Produkte, die Sie verkaufen wollen. Dies ist in manchen Fällen nicht so einfach – doch mit etwas Geschick können Sie viel erreichen.

Tip 1: Kaufinteresse vortäuschen

Simulieren Sie – oder gegebenenfalls Freunde von Ihnen – Kaufinteresse bei Konkurrenten oder vergleichbaren Unternehmen. Zur Vermeidung von Problemen, nachdem Sie Ihr Unternehmen gegründet haben, sollten Sie dabei möglichst auf Firmen außerhalb Ihres eigenen Einzugsgebietes zugehen.

Tip 2: Preissensibilität erfragen

Stellen Sie einigen Ihrer Freunde und Bekannten die vergleichbaren Produkte Ihrer Konkurrenten vor. Fragen Sie, wieviel Ihre Testpersonen für die Produkte bezahlen würden. Falls Sie Ihre eigenen Erzeugnisse präsentieren, so kleben Sie das Logo eines Konkurrenten testweise darauf. Dies ist wesentlich neutraler als die Frage nach dem „fairen" Preis für Ihre eigenen Produkte.

Dieses Vorgehen können Sie ausbauen, indem Sie beispielsweise Fragen nach der geforderten Qualität oder dem besten Vertriebsweg einstreuen.

Tip 3: Berater ansprechen

Gehen Sie auf Kammern, Verbände, Institute, Berater oder auch Redakteure von Fachmagazinen zu. Zwar werden Sie von diesen Stellen nicht den exakten Marktpreis erhalten; in aller Regel können diese Stellen jedoch die marktüblichen Preise oder Stundensätze nennen – quasi als „Leitplanken" für Ihre Planung.

Tip 4: Preisnachlässe berücksichtigen

Listen mit empfohlenen Verkaufspreisen sind meist das Papier nicht wert, auf dem sie gedruckt wurden. Je nach Branche oder Produkt sind heutzutage Abschläge von 40 Prozent und mehr auf die unverbindliche Preisempfehlung eher die Regel als die Ausnahme. Ein typisches Beispiel hierfür sind alle Händler, die gewerbliche Kunden beliefern.

Tip 5: die Kalkulation Ihrer Kunden beachten

Diese Preisnachlässe gelten natürlich nur, falls Sie Ihre Waren an Händler verkaufen wollen. Dieser Händler multipliziert in aller Regel seinen Einkaufspreis (= Ihr Verkaufspreis) mit einem für sein Geschäft oder diesem Sortiment üblichen Faktor und zeichnet ihn dann entsprechend aus.

Beispiel:

Der gesamte Einzelhandel – ob Schuhe, Kleidung, Parfüm, Spielsachen oder Nahrungsmittel. Natürlich schwanken dabei die Aufschlagsfaktoren erheblich von Branche zu Branche.

Nun haben sich in vielen Marktsegmenten klare Preisklassen herausgebildet, an denen sich Ihr Kunde, der Einzelhändler, orientiert. Bei Oberhemden für Herren sind dies beispielsweise die Preisklassen

DM 59,–/79,–/99,– usw. Als angehender Hemdenhersteller wissen Sie aus den verschiedenen Interviews, daß die Verkaufspreise in der Herrenbekleidung in aller Regel ermittelt werden als Einkaufspreis x 1,5 (also 50 Prozent Aufschlag). Falls das von Ihnen hergestellte Hemd in die Kategorie der DM 99,– Hemden gehört, sollten Sie Ihren Verkaufspreis an den Händler in der Nähe von DM 66,– ansiedeln. Fordern Sie DM 70,–, so tut sich dieser sehr schwer: Er müßte das Hemd für DM 105,– anbieten (= 70 x 1,5), aber die nächste Preisklasse liegt erst bei DM 119,–. Für diese Preisklasse ist aber Ihr Hemd nicht ausgelegt; er muß es mit DM 99,– auszeichnen. Aus seiner Sicht verzichtet er damit auf einen beachtlichen Teil seiner Handelsspanne (Marge).

Tip 6: die umliegenden Nachbarländer beobachten

Werfen Sie in jedem Fall einen Blick über die Landesgrenzen hinaus. Zwar sind heute bei vielen Produkten noch beachtliche Preisunterschiede vorhanden; diese werden sich aber im Zuge der Europäischen Union weiter angleichen.

Vielfach ist das Preisniveau in Deutschland höher als im Ausland. In diesem Fall sollten Sie in Ihrer Planung eher sinkende Verkaufspreise unterstellen. Dies gilt besonders dann, falls Sie Ihr Unternehmen in der Nähe von Landesgrenzen starten möchten.

Beispiele:

Benzin-Tourismus an der Grenze zu Luxemburg oder „Grau-Importe" bei Kraftfahrzeugen aus Südeuropa oder Holland

Tip 7: unterschätzen Sie etablierte Lieferbeziehungen nicht

Falls Ihre Produkte technisch oder qualitativ jenen der Konkurrenz überlegen sein werden: Bleiben Sie zurückhaltend bei Preisaufschlägen gegenüber Ihren Wettbewerbern – auch wenn die höheren Preise objektiv gerechtfertigt wären.

Technische Vorteile hin oder her: Vielfach lassen sich etablierte Lieferbeziehungen nur über eine aggressive Preispolitik aufbrechen.

Tip 8: Ihre Konkurrenten schlafen nicht

Rechnen Sie mit Gegenangriffen der Konkurrenten. Dies gilt vor allem dann, wenn Ihr Unternehmen rasch hohe Stückzahlen erreichen muß – um beispielsweise eine teuere Maschine zu amortisieren. Ihre Wettbewerber haben wahrscheinlich eine ähnliche Fertigung und sind daher bei sinkenden Stückzahlen sehr preisaggressiv, um so wenigstens die fixen Kosten der Maschinen usw. decken zu können.

Umsatzschätzung – so geht's!

Gelingt es nicht, für Ihre Produkte Verkaufspreise zu ermitteln, so können Sie den Umsatz auch schätzen. Dabei verlieren Sie allerdings wertvolle Informationen für die Produktionsplanung. In der Praxis haben sich die vier nachfolgend beschriebenen Schätzverfahren etabliert. Die hierfür notwendigen Kennzahlen sind im Regelfall in Bibliotheken, regelmäßig erscheinenden Publikationen oder bei Verbänden, Kammern, Beratern und Finanzämtern erhältlich (siehe Adressen ab Seite 211).

Weitere wichtige Kennzahlen finden Sie unter „Controlling" (ab Seite 180) detailliert beschrieben.

Durchschnittlicher Rohgewinn

Die Kennzahl „durchschnittlicher Rohgewinn" wird meist als Prozentwert vom Umsatz ausgewiesen. Sie wird für viele Branchen regelmäßig erhoben. – Der Rohgewinn ergibt sich aus Umsatz abzüglich Materialkosten.

Schätzen Sie zunächst einen Wert für den zu erreichenden Rohgewinn. Sie können hierzu auch Schätzwerte für die Kosten von Löhnen, Gehälter, Mieten, Vertriebsaufwendungen usw. angeben. Nur die Materialkosten sind nicht zu berücksichtigen. Auf dieser Basis errechnet sich der Mindestumsatz Ihres neuen Unternehmens wie folgt:

$$\frac{\text{Rohgewinn (in DM)}}{\text{Durchschnittlicher Rohgewinn in Ihrer Branche}} \times 100$$

Beispiel:

• Durchschnittlicher Rohgewinn in Ihrer Branche: 49 % (vom Umsatz)

• Ihr angestrebter Rohgewinn für das Planjahr: DM 250.000,–

Als Mindestumsatz ergibt sich gemäß obiger Formel:

$$\frac{\text{DM } 250.000,-}{49} \times 100 = \text{DM } 510.000,-$$

Praxis-Tip:

Diese Methode ist für alle Branchen anwendbar.

Umsatz je Kennziffer

Analog zur Kennziffer „durchschnittlicher Rohgewinn" erhalten Sie mit wenig Mühe die branchenspezifischen Werte für eine Vielzahl von Umsatz-Kennziffern. Gerade die in den Branchen durchgeführten Betriebsvergleiche stellen hierfür eine wertvolle Datenquelle dar.

Typische Kennziffern sind:

• Umsatz je Mitarbeiter

• Umsatz je Quadratmeter Fläche

• Umsatz je Niederlassung (Laden)

• Mietkosten in Prozent vom Umsatz

• Werbungskosten in Prozent vom Umsatz

Der Planumsatz errechnet sich durch die Multiplikation mit den für Ihr Unternehmen geplanten Werten.

Lagerumschlagshäufigkeit

Im Einzelhandel wird für die Berechnung des Planumsatzes vielfach folgende Formel eingesetzt:

$$\frac{\text{Rohmarge (\% +100) x Lager (DM) x Umschlagshäufigkeit p. a.}}{100}$$

Die in die Formel einzusetzenden Werte streuen zwar zwischen den verschiedenen Einzelhandelssegmenten erheblich; sie sind jedoch bis auf wenige Ausnahmen bei Insidern bekannt.

Die Bedeutung der einzelnen Kennziffern in Stichworten:

- Rohmarge: Differenz zwischen Verkaufs- und Einkaufspreis in % vom Einkaufspreis

- Lager: Höhe des geplanten Warenlagers

- Umschlagshäufigkeit: Wie oft sich das Lagervolumen pro Jahr verkaufen läßt

Beispiel:

Handel mit technischen Gebrauchsgütern

$$\frac{60 + 100 \times 100.000,- \times 3,5}{100} = 510.000,-$$

Umsatzpotential-Analyse

Statistische Ämter, Institute an Hochschulen, Verbände aller Art oder Marktforschungsinstitute haben eines gemeinsam: Sie ermitteln periodisch die unterschiedlichsten Kennzahlen als „durchschnittliche Pro-Kopf-Ausgabe". – Sie können jetzt den Umsatz Ihres Unternehmens wie folgt bestimmen:

Anzahl der Einwohner Ihres Marktes (Einzugsgebiet, Region)

x   durchschnittliche Pro-Kopf-Ausgaben der Branche

x   Kaufkraftniveau Ihres Marktes

+   Saldo aus Zu- und Abflüssen von Kaufkraft an andere Gebiete (wichtig z. B. bei nahegelegenen Einkaufszentren, Grenzgängern usw.)

=   Umsatzpotential der Branche

–   Umsatz der Konkurrenten

=   Umsatzpotential Ihres Unternehmens

Für die Schätzung der Umsätze Ihrer Wettbewerber können Sie dabei erneut auf Eckzahlen der Betriebsvergleiche zurückgreifen.

Praxis-Tip:

Das ermittelte Umsatzpotential ist insbesondere als Plausibilitäts-Check sehr hilfreich.

Umsatzsteuer – ja oder nein?

In der Europäischen Union wird für die meisten Waren- und Dienstleistungsgeschäfte eine Steuer erhoben – die sogenannte Umsatzsteuer (früher: Mehrwertsteuer). Hierfür gibt es einheitliche Richtlinien, aber eine Vielzahl von Steuersätzen.

In Deutschland liegt der Standard-Steuersatz derzeit bei 15 Prozent. Auf Nahrungsmittel, Bücher oder Zeitschriften werden nur 7 Prozent Umsatzsteuer erhoben. Ein weiterer, verbreiteter Wert ist 11,6 Prozent. Dieser wird vor allem bei den Kostenpauschalen für Verpflegung und Unterkunft zu Grunde gelegt.

Als Unternehmer schlagen Sie den jeweiligen Steuersatz auf Ihre Preise auf. Im Gegenzug wird Ihnen für Vorlieferungen (Material oder andere Dienstleistungen) ebenfalls Umsatzsteuer berechnet. An das Finanzamt führen Sie nur den Saldo dieser beiden Beträge ab.

Praxis-Tip:

Grundsätzlich gibt es die sogenannte Kleinunternehmergrenze. Sie liegt derzeit bei DM 25.000,– pro Jahr. Den exakten Wert können Sie bei Ihrem Finanzamt oder Steuerberater erfragen. Bleiben Ihre Umsätze unter dieser Grenze, so können Sie sich von der Umsatzsteuerpflicht befreien lassen. Allerdings dürfen Sie dann weder Umsatzsteuer auf Ihre Rechnungen aufschlagen, noch können Sie die Umsatzsteuer auf den von Ihnen zu bezahlenden Rechnungen vom Finanzamt zurückfordern. Welche Regelung für Sie günstiger ist, sollten Sie mit Ihrem Steuerberater klären.

Im Normalfall bauen Sie Ihre Umsatzplanung auf Netto-Werten (also ohne Umsatzsteuer) auf. Sie finden die Umsatzsteuer ohnehin in der Liquiditätsplanung wieder. Als Vorbereitung auf diese sollten Sie festlegen, welche Anteile in den Export außerhalb Europas gehen werden.

Erlösschmälerungen: häufiger als gedacht!

Branchenübliche Preisnachlässe sind bereits in Ihren Umsatzwerten berücksichtigt. In einigen Branchen wird Skonto bei Zahlung innerhalb einer bestimmten Frist gewährt. Meist ist dies ein Wert zwischen zwei und vier Prozent der Rechnungssumme. Dieser Faktor ist ebenfalls in die Planung einzubauen.

Zahlungsziele: wann kommt das Geld?

Sie können bereits jetzt wertvolle Vorbereitungsarbeiten für die Liquiditätsplanung leisten, indem Sie die Frist zwischen Rechnungsstellung und Zahlungseingang abschätzen. Dies gilt erfahrungsgemäß für drei Bereiche:

- Export-Aufträge: Selbst falls Ihr Kunde sofort nach Erhalt der Lieferung eine Überweisung veranlassen sollte: Es können durchaus Tage oder Wochen vergehen, bis eine Überweisung auf Ihrem Konto gutgeschrieben wird.

- Aufträge von Generalunternehmern: Insbesondere im Baugewerbe und in der Werbebranche übernehmen üblicherweise Werbeagenturen, Architekten, Ingenieur- oder Planungsbüros oder größere Bauunternehmen die gesamte Betreuung von Projekten oder Werbebudgets ihrer Kunden.

  In vielen Fällen sind diese Generalunternehmer jedoch von den Zahlungen des Auftraggebers abhängig. Daher kann sich die Bezahlung Ihrer Rechnung etwas verzögern.

- Lieferung von „Komplett-Anlagen": Im Bereich der Datenverarbeitung oder auch im Maschinenbau liefern die Hersteller immer seltener nur die Rechner oder die Maschinen an die Kunden. Häufig übernehmen sie auch gleichzeitig die Installation und die Inbetriebnahme des Netzwerks oder der Anlage. Der Kunde bezahlt erst nach der offiziellen Abnahme, d. h., wenn die gelieferten Systeme die im Kaufvertrag festgelegte Leistung erbracht haben.

  Falls Sie mit Ihren Kunden Verträge dieser Art abschließen werden, sollten Sie mögliche Verzögerungen bei der Abnahme in Ihrer Liquiditätsplanung mit einplanen.

Ein Standard-Umsatzplan

Die nachfolgende Tabelle verdeutlicht musterhaft den Aufbau eines Umsatzplans für zwei Jahre und ist für ein dreistufiges Sortiment geeignet.

Hinweis:

Ab Seite 68 wird die Umsatzplanung von „Marcello's Magic Pizza Service" beispielhaft demonstriert.

Standard-Umsatzplan

Jahr Monat	Umsatz je Stck.	01 Jan	01 Feb	01 Mrz	01 Apr	01 Mai	01 Jun	01 ...	01 Dez	01 Sum	02 Jan	02 Feb	02 Mrz	02 Apr	02 Mai	02 Jun	02 ...	02 Dez	02 Sum
Umsatz		Stückzahlen gem. Absatzplan																	
Sortiment A – Preisklasse 1																			
Sortiment A – Preisklasse 2																			
Sortiment A – Preisklasse 3																			
Summe Sortiment A																			
Sortiment B – Preisklasse 1																			
Sortiment B – Preisklasse 2																			
Sortiment B – Preisklasse 3																			
Summe Sortiment B																			
Sortiment C – Preisklasse 1																			
Sortiment C – Preisklasse 2																			
Sortiment C – Preisklasse 3																			
Summe Sortiment C																			
Gesamtumsatz																			

Praktische Übung:
Umsatzplan von „Marcello's Magic Pizza Service"

Zugegeben, Marcello hat es bei der Umsatzplanung relativ leicht: Die am Markt erzielbaren Preise können aus der Analyse von Preislisten anderer Pizza-Service-Unternehmen einfach ermittelt werden.

Zudem sind die Preislisten seiner Wettbewerber frei erhältlich und sein Produkt-Sortiment ist vergleichsweise überschaubar.

Marcello will mit folgenden Preisen starten:

Preisliste MMPS Produkt	Größe	Verkauf DM	Netto DM
Pizza Standard	Normal	15,00	13,04
Pizza Standard	Ultra	16,00	13,91
Pizza Luxus	Normal	18,00	15,65
Pizza Luxus	Ultra	20,00	17,39
Salate	Standard	7,50	6,52
Softdrinks	Dose; 0,33 l	2,50	2,17
Weine	0,7 l Flasche	12,00	10,43

- MMPS = „Marcello's Magic Pizza Service"
- Die Verkaufspreise enthalten die gesetzliche Umsatzsteuer von derzeit 15 Prozent.
- Bei Aufträgen über DM 100,– wird 5 Prozent Preisnachlaß gewährt.
- 10 Prozent Preisnachlaß erfolgt bei Selbstabholung.

Die Netto-Spalte enthält keine Umsatzsteuer und steht natürlich nicht auf der offiziellen Preisliste. Marcello benötigt jedoch die Nettopreise für die Umsatzplanung.

Er schätzt weiterhin, daß

- Aufträge über DM 100,– nur 5 Prozent seines Umsatzes darstellen.

- die Selbstabholer 15 Prozent seines Umsatzvolumens erreichen werden.

- kein Selbstabholer über DM 100,– einkaufen wird.

Erlösschmälerungen wie Skonto usw. fallen bei MMPS nicht an.

Der Zahlungseingang erfolgt praktisch sofort durch Bargeld oder nur um ein bis zwei Tage verzögert (Euroscheck). Marcello kann also Verzögerungen im Geldeingang vernachlässigen.

Daraus ergibt sich sein Umsatzplan für das erste Geschäftsjahr aus den Stückzahlen des Absatzplans multipliziert mit den Netto-Preisen gemäß obiger Preisliste und den Nachlässen für größere Aufträge und Selbstabholer.

Umsatzplan „Marcello's Magic Pizza Service"

Produkt	Größe	Jan	Feb	Mrz	Apr	Mai	Jun	Jul	Aug	Sep	Okt	Nov	Dez	Summe
Pizza Standard	Normal	0	2.175	4.877	5.761	7.578	7.458	7.768	2.223	7.505	7.721	7.410	4.781	65.257
Pizza Standard	Ultra	0	2.599	5.758	6.562	8.918	8.581	8.843	2.580	8.562	8.861	8.600	5.796	75.660
Pizza Luxus	Normal	0	2.297	5.226	6.443	8.154	8.245	8.696	2.433	8.380	8.560	8.110	4.955	71.500
Pizza Luxus	Ultra	0	1.972	4.295	4.623	6.617	6.146	6.222	1.873	6.047	6.321	6.245	4.492	54.853
Salate	Standard	0	740	1.610	1.734	2.481	2.305	2.333	703	2.268	2.370	2.342	1.685	20.570
Softdrinks	Dose: 0,33 l	0	319	726	895	1.133	1.145	1.208	338	1.164	1.189	1.126	688	9.931
Weine	0,7 l Flasche	0	557	1.198	1.235	1.839	1.663	1.660	512	1.618	1.705	1.707	1.287	14.980
Umsatz vor Nachlässe (in DM)		0	10.659	23.690	27.252	36.719	35.542	36.730	10.662	35.545	36.728	35.540	23.684	312.750
Nachlaß wg. > DM 100,–			-533	-1.184	-1.363	-1.836	-1.777	-1.837	-533	-1.777	-1.836	-1.777	-1.184	-15.637
Nachlaß wg. Selbstabholung			-1.519	-3.376	-3.883	-5.232	-5.065	-5.234	-1.519	-5.065	-5.234	-5.064	-3.375	-44.567
Umsatz effektiv (in DM)		0	8.607	19.129	22.006	29.651	28.700	29.660	8.609	28.703	29.658	28.698	19.125	252.546

5. Produktionsplanung

Parallel zum Umsatzplan kann der Produktionsplan erarbeitet werden. Starten Sie mit den Stückzahlen aus dem Absatzplan. Legen Sie nun fest, auf welche Weise und mit welchen Mitteln diese geplanten Stückzahlen hergestellt werden sollen.

Die Grundlage für die Produktionsplanung sind im Regelfall Stücklisten, Arbeitspläne oder Rezepturen. Daraus lassen sich die verschiedenen Elemente eines Produktionsplans ableiten.

Im Überblick: die Elemente eines Produktionsplans

Der Produktionsplan ist in sechs Teilbereiche untergliedert, die je nach Branche oder Art des von Ihnen herzustellenden Produktes sehr unterschiedlich ausgeprägt sein können. Prüfen Sie daher zuerst, welche Bereiche für Ihr Gründungsprojekt wichtig sind:

• Gebäude und Flächen

• Maschinen, Werkzeuge und Fahrzeuge

• Materialien (Rohmaterial, Hilfs- und Betriebsstoffe)

• Datenverarbeitung und Büroausstattung

• Mitarbeiter – getrennt nach Anzahl und Qualifikation

• Dienstleistungen von Externen wie Handwerkern, Steuerberatern oder Rechtsanwälten

Praxis-Tip:

Natürlich sind die verschiedenen Inhalte des Produktionsplans nicht völlig unabhängig voneinander. Starten Sie am besten mit den benötigten Gebäuden und Flächen. Anschließend planen Sie Ihren Maschinenpark und die wichtigsten Rohmaterialien.

Erfahrungsgemäß lassen sich diese Faktoren noch am besten abschätzen. Auf dieser Basis wird Ihnen die Planung der übrigen Bereiche deutlich leichter fallen.

Gebäude und Flächen

Die Wahl des Standorts ist für Sie von grundlegender Bedeutung, so daß Sie diesen bereits im Marketing-Konzept ausführlich erläutern müssen. Daher sind Faktoren wie ausreichende Kundenfrequenz, gute Verkehrsanbindung oder eine ausreichende Anzahl an Parkplätzen in der Produktionsplanung nicht mehr zu berücksichtigen.

Nutzungstypen von Flächen

Unterscheiden Sie bei Ihrer Raum- und Flächenplanung folgende sechs Nutzungs-Typen:

- Fertigung
- Lager (Roh-, Zwischen-, Fertiglager)
- Kommissionieren, Packerei, Versand
- Büros (Meister, Technik, Vertrieb, Verwaltung)
- Sozialräume (Umkleiden, WC, Duschen, Kantine, Ruhezonen)
- Zufahrten, Rangier- und Stellplätze

Je nach Flächentyp und den standortspezifischen Eigenschaften können die vom Markt geforderten Miet- oder Kaufpreise stark schwanken.

Praxis-Tip:

Berücksichtigen Sie unbedingt gegebenenfalls notwendige Einbauten wie Kranbahnen oder spezielle Leitungen für gesundheitsgefährdende oder brennbare Materialien. Analoges gilt für Fundamente oder benötigte Mindesthöhen für Lager- oder Fabrikationshallen.

Achtung:

Für Galerien, Juweliere oder Boutiquen ist neben der Lage des Standorts selbst noch Art und Umfang des einfallenden Tageslichts von hoher Bedeutung.

Simulation der Fertigungsprozesse

Skizzieren Sie anschließend grob den Ablauf Ihrer Produktion. Gehen Sie in aller Ruhe den gesamten Fertigungsprozeß durch – vom Wareneingang über die Fertigung und gegebenenfalls notwendige Zwischenlager bis hin zum Versand der fertigen Artikel. Daraus gewinnen Sie wertvolle Erkenntnisse über benötigte Aufzüge, Rampen, Tore oder Flächen für Zwischenlager.

Wichtig:

Unterschätzen Sie den Bedarf an Rangier- oder Stellplätzen nicht: In vielen Branchen – vom Einzelhandel bis zu Restaurants – ist die einfache Zu- und Abfahrt sowie die Verfügbarkeit von Parkplätzen ein zentrales Kriterium für die Kunden.

Praxis-Tip:

Bitte vergessen Sie bei der Flächen-Ermittlung Ihre künftigen Wachstumspläne nicht. Sichern Sie sich gegebenenfalls die Vorkaufsoptionen auf angrenzende Grundstücke oder Flächen – insbesondere in Ballungsgebieten.

Maschinenpark, Werkzeuge, Fahrzeuge

Die benötigte Ausrüstung an Maschinen, Werkzeugen oder Fahrzeugen läßt sich natürlich nur im konkreten Einzelfall bestimmen.

Die Grundlage hierfür ist die genaue Kenntnis darüber, wie Sie die Produkte oder Dienstleistungen im einzelnen herstellen wollen: In Produktionsunternehmen werden Stücklisten und Arbeitspläne benutzt. In der Pharma- und Lebensmittelindustrie wird beides in Rezepturen zusammengefaßt.

Bei der Festlegung des Maschinenparks stehen Sie oftmals vor der Entscheidung, entweder eine spezialisierte Maschine mit hoher Leistung oder mehrere kleinere Maschinen mit jeweils breiterer Einsetzbarkeit und geringeren Preisen einzuplanen. Wofür Sie sich letztlich entscheiden, bleibt natürlich Ihnen überlassen. Nehmen Sie sich auf alle Fälle die Zeit für eine fundierte Investitionsrechnung mit mehreren Varianten.

Praxis-Tip:

Prüfen Sie vor dem Kauf von Hochleistungsmaschinen nochmals genau Ihren Absatzplan: Derartige Anlagen brauchen rasch volle Auslastung – andernfalls drohen Investitionsruinen. Bleiben Sie in der Startphase möglichst flexibel. Haben Sie auch den Markt für Gebraucht-Maschinen intensiv durchforstet?

Dies gilt analog für Mehrfach-Fertigungswerkzeuge oder -Formen.

Im Handwerk und in vielen Dienstleistungsbereichen ist die Festlegung der benötigten Maschinen und Werkzeuge nicht immer so einfach. Dort existieren in aller Regel keine Arbeitspläne im klassischen Sinn.

Gehen Sie am besten mit einem unbedarften Partner eine Reihe von Standard-Aufträgen durch und erklären Sie ihm bei jedem Schritt, welche Maschinen Sie zur Durchführung der Tätigkeit benötigen. Sie werden erstaunt sein: Es sammelt sich mehr an als Sie anfangs vermuten.

Checkliste: maschinelle Ausstattung

• Wurden realistische Maschinenlaufzeiten unterstellt? Sind Stillstand-, Rüst- und Service-Zeiten ausreichend berücksichtigt worden?

Diese Frage ist natürlich in jedem Fertigungsunternehmen von zentraler Bedeutung – und wird dennoch vielfach unterschätzt.

Doch auch in einigen Service-Bereichen spielen Stillstandszeiten eine entscheidende Rolle. Denken Sie beispielsweise an jene Unternehmen, die Service-Dienstleistungen für Industrie-Unternehmen anbieten. Diese müssen vielfach die vereinbarte Leistung (beispielsweise das Reinigen einer Fertigungsstraße) bis zu einem gewissen Zeitpunkt (in aller Regel der nächsten Schicht) erbracht haben. Andernfalls können empfindliche Konventionalstrafen drohen. In diesen Märkten empfiehlt es sich, für die kritischen Engpaßmaschinen mögliche Ausfall-Situationen im Vorfeld durchzuspielen. Fragen Sie daher die Lieferanten nach der typischen Lebensdauer (auch Standzeiten genannt) für die wichtigsten Verschleißteile.

- Sind genügend Werkzeuge eingeplant? Haben Sie eine Standzeitreserve für die kritischen Teile vorgesehen?

Auch die besten Werkzeuge haben nur eine begrenzte Lebensdauer und vielfach lange Lieferzeiten. Überwachen Sie daher die Einsatzzeiten der Werkzeuge sehr genau.

Falls Sie die gefertigten Teile produktionssynchron anliefern müssen und größere Pufferlager nicht vorhanden sind, ist die oben angesprochene Notfall-Planung ein absolutes Muß.

Es versteht sich von selbst, die Ersatzwerkzeuge feuer- und diebstahlsicher aufzubewahren.

- Sind alle benötigten Hilfsmittel für die Lagerung, den Transport (innerbetrieblich und außerhalb des Werksgeländes) oder die Verpackung Ihrer Produkte in Ihrer Planung aufgeführt?

Hierzu gehören unter anderem die Ausstattung eines Hochregallagers einschließlich der benötigten Behälter

oder Paletten, Kräne, verschiedene Stapler oder Verpak-
kungsmaschinen.

Denken Sie dabei nicht nur an den Umgang mit sehr
sperrigen oder schweren Produkten: Gerade kleinere, zer-
brechliche Produkte (z. B. Porzellan) oder Artikel, die einen geschlossenen Prozeß nicht verlassen dürfen (Arznei-
mittel, viele Lebensmittel oder Elektronikteile) setzen
sehr komplexe und teure Anlagen voraus.

Materialbedarf

Die verschiedenen Materialien lassen sich in vier Kategorien
gliedern, die im Regelfall auch getrennt voneinander geplant
werden:

- Rohmaterialien

- Hilfs- und Betriebsstoffe, Büromaterialien

- Zukaufteile und Komponenten

- Handelswaren

Rohmaterialien

Je nach Industrie oder Gewerk sind dies Metalle, Hölzer, Kunst-
stoffe oder Flüssigkeiten aller Art. Diese Stoffe werden von Ihnen
im Zuge des Produktionsprozesses bearbeitet und verändert. Sie
ergeben sich direkt aus den Stücklisten und den Arbeitsplänen.

Bitte berücksichtigen Sie bei der Mengenermittlung nicht nur
die Materialverluste durch die Bearbeitung in der Fertigung,
sondern auch die zu erwartenden Ausschußquoten.

Hilfs- und Betriebsstoffe, Büromaterialien

Diese Artikel werden zwar einerseits für die Herstellung Ihrer
Produkte benötigt, sind aber dennoch nicht Bestandteil der
Ware selbst. In Fertigungsbetrieben sind dies beispielsweise

Schmieröle, Transport-Paletten oder Verpackungsmaterialien. Ebenso gehören die innerbetrieblich benötigten Mengen an Energie (Strom, Öl, Gas) dazu.

Im Dienstleistungssektor fallen vielfach hohe Mengen an Büromaterialien an – vom einfachen Abreißblock über Briefpapier und Auftragsformulare bis hin zum Zigarettenascher in der Raucherzone. Unterschätzen Sie diesen Faktor nicht: Es ist die Vielzahl der Artikel, die zusammengerechnet in der Kostenplanung eine stolze Summe ergeben können.

Zukaufteile und Komponenten

Im Gegensatz zu den Rohmaterialien gehen diese Teile unverändert in Ihre Produkte ein. Sie werden von Ihnen nicht mehr umfassend bearbeitet, sondern meist nur noch montiert, eingestellt und lackiert.

Beispiele:

Schalter, Regler, Meß- oder Anzeige-Instrumente. Auch diese Teile werden aus den Stücklisten abgeleitet.

Handelswaren

Bei den klassischen Handelswaren verändern Sie das eingekaufte Produkt selbst nicht mehr. Meist wird nur die Verpackung in Form oder Menge angepaßt und die Ware mit Preisen ausgezeichnet.

Datenverarbeitung und Büroausstattung

Moderne und leistungsfähige Systeme sind in der heutigen Zeit überlebensnotwendig. Was gestern noch „top" war, ist morgen schon völlig veraltet. Versuchen Sie nicht, dagegen anzuschwimmen: Sie werden verlieren. Und dann gilt das bekannte Sprichwort: „Stehenzubleiben – im Hinblick auf Systeme und Innovationen – heißt im Wettbewerb mit Ihren Konkurrenten zurückzufallen."

DV-Hardware

Dazu gehören alle Rechner, die dazugehörigen Bildschirme, Tastaturen und sonstige Peripheriegeräte, die gesamte Netzwerk-Architektur und Druck bzw. Plotter für CAD-Zeichnungen.

DV-Software

Software umfaßt sowohl die Betriebssysteme der Rechner wie auch die verschiedenen Anwendungsprogramme für Konstruktion (CAD), Produktion (PPS) oder Auftragsabwicklung (Textverarbeitung, Tabellenkalkulation).

Ausstattung von Arbeitsplätzen oder Konferenzzimmern

Neben Schreibtischen, Stühlen, Leuchten und Trennwänden gehören in diese Kategorie auch alle Schränke und Regale im Bürobereich.

Praxis-Tip:

Bitte unterschätzen Sie die Kosten für diese Artikel nicht. Immer wieder werden im Zuge von Betriebsauflösungen günstige Büroausstattungen usw. angeboten.

Kommunikationsmittel

Darunter fallen neben der stationären Telefonanlage auch alle mobilen Funktelefone (Handies) oder Pager sowie Telefaxgeräte. Denken Sie daran, daß leistungsfähige Kommunikationssysteme in der heutigen Wirtschaft eine tragende Rolle einnehmen.

Wichtig:

Als Existenzgründer sind Sie auf ständige Erreichbarkeit angewiesen. Dies gilt insbesondere für Dienstleister im gewerblichen Service-Bereich: Hier ist Rund-um-die-Uhr-Verfügbarkeit schon längst kein Fremdwort mehr.

Zudem wachsen klassische Kommunikationsgeräte wie die Tefefonanlage und die installierte EDV-Software immer enger zusammen. Moderne Auftragsbearbeitungssysteme sind mit der Telefonanlage gekoppelt. Ruft ein Kunde an, dessen Nummer hinterlegt ist, so werden die jeweils relevanten Daten dem Sachbearbeiter automatisch am Bildschirm angezeigt.

Mitarbeiter

Die Planung der benötigten Arbeitskräfte gehört mit Sicherheit zu den schwierigsten Aufgaben im Rahmen der Produktionsplanung. Bei der Festlegung der Mitarbeiterzahl sind zwei Parameter zu berücksichtigen:

● Art und Umfang der zu übernehmenden Arbeiten

● Produktivität des einzelnen Mitarbeiters oder einer Gruppe

Die Produktivität wiederum hängt sowohl von der Qualifikation und der Leistungsbereitschaft des Einzelnen oder eines Teams als auch von der Effizienz der Systeme und internen Arbeitsabläufen ab.

Neugegründete Unternehmen benötigen flexible Mitarbeiter, die verschiedene Arbeiten übernehmen können. Spezialwissen wird im Regelfall von den Gründern selbst abgedeckt (meist im technischen Bereich) oder muß von außen zugekauft werden – beispielsweise von Software-Häusern, Steuerberatern oder Ingenieurbüros.

Achtung:

Überschätzen Sie bitte nicht die Qualifikation und Motivation Ihrer Mitarbeiter. Sie können von Ihren Mitarbeitern nicht erwarten, daß diese über einen längeren Zeitraum ebenso hart und engagiert arbeiten wie Sie als Unternehmer dies tun.

Sondieren Sie im Vorfeld das Lohn- oder Gehaltsniveau. Bewegen Sie sich eher am unteren Rand der Skala – und zahlen Sie bei erfolgreichem Geschäftsverlauf lieber eine Prämie.

Praxis-Tip:

Bei Beschäftigung von Freunden oder Verwandten: Prüfen Sie bitte die fachlichen und persönlichen Voraussetzungen der Personen genauestens. Klären Sie außerdem die Zuständigkeiten und Befugnisse im Detail ab. Verzichten Sie auch hier nicht auf einen schriftlich fixierten Arbeitsvertrag. Gerade in Krisenzeiten hindern persönliche Bindungen den Existenzgründer immer wieder daran, die notwendigen Entscheidungen zu treffen. Dies führt jedoch über kurz oder lang in den Ruin.

Dienstleistungen

Darunter fallen eine Vielzahl von verschiedenen Leistungen, die Sie als Unternehmensgründer benötigen und am Markt einkaufen. – Die Vielzahl der Dienstleister ist kaum zu überschauen. Die wichtigsten finden Sie in der folgenden Tabelle zusammengefaßt:

Dienstleister		
Architekten	Leasingfirmen	Statiker
Direkt-Marketing-Firmen	Notare	Steuerberater
Existenzgründungsberater	Programmierer	Verbände
Forschungseinrichtungen	Reisebüros	Versicherungen
Handwerker aller Gewerke	Rechtsanwälte	Werbeagenturen
Ingenieurbüros	Servicetechniker	
Industrie- und Handelskammern	Speditionen	

Praxis-Tip:

Wählen Sie sorgfältig aus – und vergleichen Sie die Kosten. Prüfen Sie, ob Spesen für Verpflegung und Übernachtung oder die Fahrtkosten in den Tagessätzen einkalkuliert sind oder ob diese Positionen separat berechnet werden.

Wichtig:

Für Beratungen zur Existenzgründung können Sie gegebenenfalls Zuschüsse erhalten. Für die Vergabe ist das Bundesamt für Wirtschaft zuständig. Die Abwicklung läuft dabei im Regelfall über die sogenannten „Leitstellen". Dies sind in vielen Fällen die regionalen Industrie- und Handelskammern. Welche Leitstelle für Ihre Region zuständig ist, können Sie auf Seite 212 direkt nachschlagen.

Antragsberechtigt sind natürliche Personen, die sich durch Gründung eines neuen Unternehmens, Übernahme eines bestehenden Unternehmens oder tätige Beteiligung an einem Unternehmen selbständig machen wollen.

Die Schwerpunkte der Beratung können Sie weitgehend selbst bestimmen. Nicht zuschußberechtigt sind allerdings Beratungen,

- die sich überwiegend mit Rechts-, Versicherungs- oder Steuerfragen oder auf die Erlangung öffentlicher Hilfen befassen.

- deren Zweck auf den Vertrieb bestimmter Waren oder Dienstleistungen gerichtet ist.

- die rein gutachterliche Stellungnahmen sind.

- die projektbegleitend oder als Management auf Zeit durchgeführt werden.

Die Wahl des geeigneten Beraters bleibt Ihnen überlassen. Gefordert wird jedoch, daß im abschließenden Bericht vier Themen behandelt werden:

Kritische Analyse der Situation Ihres Unternehmens

Dies geschieht in aller Regel anhand von Kennzahlen – z.B. Umsatz pro Mitarbeiter, Lagerumschlagshäufigkeit oder Höhe Ihrer liquiden Mittel. Die wichtigsten Kennzahlen finden Sie im Kapitel „Controlling" konkret erläutert.

Ermittlung der Schwachstellen

Dabei wird besonderer Wert auf die Beurteilung der persönlichen und fachlichen Qualifikation des Gründers gelegt. Zudem erfolgt eine detaillierte Prüfung Ihrer Unternehmensplanung auf Vollständigkeit und offensichtliche Ungereimtheiten.

Erarbeitung konkreter Verbesserungsvorschläge
für Ihr Unternehmen

Die Bandbreite möglicher Ansatzpunkte kann sich auf alle Bereiche Ihres Unternehmens erstrecken. Erfahrungsgemäß stehen bei jungen Unternehmen folgende Themen im Vordergrund:

- Verringerung der Lagerbestände an Roh- und Fertigmaterial

- schnellere Durchlaufzeiten von Aufträgen

- Einsetzbarkeit leistungsfähiger DV-Systeme statt manueller Tätigkeiten

Anleitung zur konkreten Umsetzung
der Verbesserungsvorschläge

Gerade auf diesen Punkt wird häufig von Jungunternehmern zu wenig Wert gelegt. Nutzen Sie die Erfahrungen des Beraters in der Umsetzung von Verbesserungen. Oftmals müssen zuerst die erforderlichen Grundlagen geschaffen werden. Erfahrungsgemäß ist mit Verunsicherung oder gar Widerständen bei den betroffenen Mitarbeitern zu rechnen. Gehen Sie schrittweise vor – ohne dabei Abstriche an der Zielsetzung zu machen.

Produktionsplanung: Tips und Tricks

- Planen Sie zuerst grob und verfeinern Sie anschließend. Sie laufen sonst Gefahr, sich in einer rasch anwachsenden Detailfülle zu verlieren.

- Nicht alle Elemente des Produktionsplanes lassen sich auf einzelne Monate herunterbrechen. Flächen oder Maschinen müssen meist von Beginn an zur Verfügung stehen. Andere Elemente lassen sich schrittweise aufbauen. Geben Sie hierfür gegebenenfalls Prozentwerte je Periode an.

- Dokumentieren Sie Ihre Überlegungen schriftlich – vor allem zu Flächen, Auslastungsgraden oder Produktivitäts-Kennziffern. Ihre Partner oder Kapitalgeber wie Banken werden Sie hierzu detailliert fragen. Aus diesen Parametern haben Sie ja Ihre Investitionen abgeleitet, für die Sie nun Kapital benötigen.

- Vergleichen Sie Ihre Annahmen mit den entsprechenden Daten Ihrer Wettbewerber. Nutzen Sie hierzu beispielsweise die verfügbaren Branchen- und Betriebsvergleiche. Falls kein passender Betriebsvergleich zu finden ist, können Sie versuchen, zu einer Werksbesichtigung bei Ihren wichtigsten Wettbewerbern eingeladen zu werden. Mit etwas Glück und Raffinesse gelingt dies häufiger als Sie vermuten. Oder stellen Sie sich einen Tag vor das Werkstor Ihres wichtigsten Wettbewerbers: Sie erhalten eine Vielzahl von Informationen über Warenbewegungen, Transportmittel, Arbeitszeiten usw.

- Gerade in der Gründungsphase sind Jungunternehmer auf eine Vielzahl von Dienstleistern angewiesen – von der Werbeagentur über den Steuerberater bis hin zum Patentanwalt.

Gehen Sie Ihren Marketing-Plan nochmals sorgfältig durch und stellen Sie alle externen Dienstleistungen in die Produktionsplanung ein.

Ein Standard-Produktionsplan

Der mögliche Aufbau eines Produktionsplanes ist in der nachfolgenden Tabelle beispielhaft wiedergegeben.

Standard-Produktionsplan

										Sum
Geschäftsräume inkl. Gebäude										
Lager- und Produktionsräume										
Sozialräume										
Büros										
Zufahrten, Rangier- und Stellplätze										
Summe Gebäude und Flächen										
Maschinen und technische Anlagen										
Werkzeuge, Geräte										
Summe Maschinen und Werkzeuge										
Fahrzeuge (Stapler, Pkw, Lkw)										
Garagen										
Summe Fahrzeuge										
Handelsware										
Rohstoffe										
Hilfs- und Betriebsstoffe										
Zukaufsteile und Komponenten										
Summe Material										
Büroausstattung										
EDV-Hardware										
EDV-Software										
Kommunikation (Telefax usw.)										
Summe Verwaltung										
Personal gewerblich										
Personal angestellt										
Aushilfen										
Fremdleistungen (z. B. Leiharbeitnehmer)										
Summe Mitarbeiter										
Marketingberater										
Forschungslabors										
Existenzgründungsberater										
Industrie- und Handelskammern										
Handwerker										
Architekten										
Ingenieurbüros										
Steuerberater										
Rechtsanwälte										
Summe Dienstleistungen										
Gesamtsumme										

Praktische Übung:
Produktionsplan von „Marcello's Magic Pizza Service"

Marcello hat für den Start seines MMPS folgenden Produktionsplan aufgestellt (aus Platzgründen sehr stark vereinfacht):

Flächen

- 60 m² Küche inklusive Pizzaofen und Kühlraum
- 20 m² Thekenbereich
- 20 m² Büro und Sozialräume
- 2 Stellplätze

Maschinen, Werkzeuge, Fahrzeuge

- 1 Pizzaofen
- diverse kleinere Küchenmaschinen
- 1 Standard-Küche inklusive Spülbecken, Messer usw.
- 1 Verkaufstheke
- 1 Pkw für Pizza-Auslieferung
- 1 Motorroller für Pizza-Auslieferung

Rohmaterial, Hilfs- und Betriebsstoffe, Büromaterial

- diverse Nahrungsmittel und Gewürze (die Rezepte sind streng geheim!)
- diverses Verbrauchs- und Büromaterial, Formularblöcke usw.
- Energie, Wasser usw.
- Softdrinks und Weinsorten gemäß Absatzplan

Datenverarbeitung und Büroausstattung

- Telefonanlage
- 3 Handies

- intelligentes Kassensystem (inklusive Lagerverwaltung)
- PC inklusive Software
- 2 Schreibtische mit Stühlen
- 1 Kopierer

Mitarbeiter

- Marcello selbst
- 1 Telefonistin – festangestellt
- 1 Küchenhilfe – festangestellt
- 4 Ausfahrer – Teilzeit; nicht sozialversicherungspflichtig

Dienstleistungen

- Steuerberater (übernimmt auch Buchhaltung)
- Full-service-Werbeagentur (für Direktmailing, Preislisten usw.)
- Rechtsanwalt (wegen Gründungsfragen, Verträgen usw.)

Erläuterungen zu folgender Übersicht:

- Die Ziffern bei Flächen, Pizzaofen, Pkw usw. bedeuten: Das jeweilige Produkt muß in diesem Monat in der genannten Menge vorhanden sein.
- Prozentwerte bei Energie oder Verbrauchsmaterialien beziehen sich immer auf die geschätzten Verbrauchswerte im Februar (= 100 %).
- Die Anzahl der Kreuze (XXX) bei den Dienstleistern soll unterschiedlich hohe Inanspruchnahmen abbilden. Dabei kann z.B. gelten: XXX = sehr hoch; X = nur sporadische Nutzung.
- Sofern keine Dosen oder Flaschen zerstört, verloren oder gestohlen werden, stimmen die Produktionszahlen bei Softdrinks und Wein mit den Werten im Absatzplan überein.

Produktionsplan „Marcello's Magic Pizza Service"

	Jan	Feb	Mrz	Apr	Mai	Jun	Jul	Aug	Sep	Okt	Nov	Dez
Flächen insgesamt	100 m²	100 m²	100 m²	100 m²	100 m²	100 m²	100 m²	100 m²	100 m²	100 m²	100 m²	100 m²
Stellplätze	2	2	2	2	2	2	2	2	2	2	2	2
Pizzaofen	1	1	1	1	1	1	1	1	1	1	1	1
Küche + div. Maschinen	1	1	1	1	1	1	1	1	1	1	1	1
Verkaufstheke	–	1	1	1	1	1	1	1	1	1	1	1
Pkw	1	1	1	1	1	1	1	1	1	1	1	1
Motorroller	–	–	1	1	1	1	1	1	1	1	1	1
Diverse Nahrungsmittel	50 kg	235 kg	522 kg	604 kg	810 kg	786 kg	814 kg	236 kg	787 kg	813 kg	785 kg	520 kg
Softdrinks (Dosen) in Stück	0	140	320	400	500	510	540	150	520	530	500	300
Weine (Flaschen) in Stück	0	52	112	116	172	156	156	48	152	160	160	120
Energie, Wasser usw.	30 %	100 %	200 %	240 %	300 %	300 %	300 %	100 %	300 %	300 %	300 %	200 %
Diverse Verbrauchsmaterialien	150 %	100 %	100 %	100 %	100 %	100 %	100 %	40 %	100 %	100 %	100 %	100 %
Telefonanlage, Handies	1	1	1	1	1	1	1	1	1	1	1	1
Intelligentes Kassensystem	1	1	1	1	1	1	1	1	1	1	1	1
PC inklusive Software	1	1	1	1	1	1	1	1	1	1	1	1
Schreibtisch inklusive Stühle	1	1	1	1	1	1	1	1	1	1	1	1
Kopierer	1	1	1	1	1	1	1	1	1	1	1	1
Marcello	1	1	1	1	1	1	1	1	1	1	1	1
Telefonistin	1	1	1	1	1	1	1	1	1	1	1	1
Küchenhilfe	1	1	1	1	1	1	1	1	1	1	1	1
Ausfahrer	0	1	2	3	4	4	4	1	4	4	4	3
Steuerberater	XXX	XX		XX		XX		XX		XX		XX
Full-service-Werbeagentur	XXX	XXX	XX	X								
Rechtsanwalt	XXX	X										

6. Investitionsplanung

Aus dem Produktionsplan können Sie nun den Investitionsplan ableiten. Dieser umfaßt in erster Linie die Ausgaben für die Anschaffung des Anlagevermögens sowie die Kosten für die Erstausstattung der benötigten Lager an Rohmaterial oder Fertigwaren. Weiterhin zählen die Kosten für grundlegende Produkt- oder Verfahrensentwicklung als Investitionen.

Wichtig:

Bitte schätzen Sie bei der Erstellung des Investitionsplans neben den zu erwartenden Kaufpreisen auch die geplanten Anschaffungszeitpunkte und die Fälligkeit der Rechnungen ab.

Achtung:

Nicht in den Investitionsplan aufgenommen werden Anlagegüter, die Sie mieten oder leasen. Im Gegensatz zu den oben genannten Investitionsgütern werden Sie hier nicht sofort Eigentümer der Gegenstände, sondern erhalten nur das Nutzungsrecht während der vertraglich vereinbarten Laufzeit. Die zu mietenden oder leasenden Gegenstände werden daher im Einkaufsplan zusammengefaßt.

Praxis-Tip:

Ein fundierter Investitionsplan ist in Monate unterteilt. Dies erlaubt Ihnen, die Zeitpunkte der zu leistenden Zahlungen genauer anzugeben. Letztere sind für die Liquiditätsplanung sehr wichtig.

**Investitionen in Gebäude oder Maschinen:
Tips und Tricks**

Die von Ihnen anzuschaffenden Grundstücke, Gebäude, Maschinen oder auch der Fuhrpark gehören zu Ihrem späteren Anlagevermögen. Dabei handelt es sich meist um größere Beträge. Sie können manche unangenehme Überraschung vermeiden, falls Sie die beschriebenen Tips und Tricks beachten!

Ermittlung der Gesamtkosten einer Investition

Denken Sie bitte daran, daß bei größeren Investitionen neben dem eigentlichen Kaufpreis noch eine Vielzahl von weiteren Kosten anfällt. Dazu gehören beispielsweise:

- Sanierung von Dächern, Fenstern, Werbe- und Ausstellungsräumen

- Umbauten innerhalb der Fertigungsflächen

- Einbringen von Fundamenten – vor der Aufstellung großer Maschinen

- Installation, Inbetriebnahme und die Betreuung von Probeläufen durch den Lieferanten – sofern diese Leistungen nicht kostenfrei im Kaufvertrag miteingeschlossen sind

Speziell bei Bauvorhaben sind die Nebenkosten wie Grunderwerbssteuer, Notarkosten oder Gebühren einzuplanen. In Neubaugebieten fallen darüber hinaus noch Erschließungskosten und Ausgaben für die Erstellung der Außenanlagen an. Dazu gehören Zäune, Parkplätze oder die Begrünung der nicht überbauten Flächen.

Praxis-Tip:

Falls Sie ein bestehendes Fabrikgelände übernehmen: Überprüfen Sie die Flächen auf Altlasten. Die Kosten für deren Entsorgung sind in aller Regel sehr hoch.

Fördermittel

Haben Sie vor, für Ihre Investitionen Zuschüsse oder zinsgünstige Darlehen aus Fördermitteln zu beantragen? Wenn ja, dann sollten Sie mit Ihrem Steuerberater prüfen, welche dieser Zusatzkosten förderungsfähig sind. Prüfen Sie auch, ob Materialkosten während der Inbetriebnahme ebenfalls zu den Investitionskosten gezählt werden können. Im Regelfall ist dies jedoch nicht der Fall; sie sind dann im Einkaufsplan aufzuführen.

Anzahlungen

Klären Sie ab, ob und wenn ja, in welcher Höhe Sie Anzahlungen an Ihre Lieferanten leisten müssen. So vermeiden Sie später in der Liquiditätsplanung unangenehme Überraschungen. – Verfügt Ihr Lieferant über eine einwandfreie Bonität? Bei größeren Summen ist es durchaus üblich, von Ihrem Lieferanten eine Anzahlungsgarantie seiner Hausbank anzufordern.

Praxis-Tip:

Prüfen Sie die wichtigsten Kaufverträge mit Ihrem Rechtsanwalt oder Ihrer Bank vor der Unterschrift.

Ratenzahlungen

Haben Sie mit einigen Ihrer Lieferanten Ratenzahlungen vereinbart? Wenn ja, dann tragen Sie bitte im Investitionsplan die einzelnen Beträge im jeweiligen Fälligkeitsmonat ein.

Investitionsgüter aus dem Ausland

Im Investitionsplan selbst ist die Herkunft der von Ihnen zu kaufenden Anlagen, Fahrzeuge usw. unerheblich. Wichtig wird das Ursprungsland jedoch in der Liquiditätsplanung bei der Frage, ob Sie den Kaufpreis mit oder ohne Umsatzsteuer bezahlen müssen. Sie leisten also hiermit wertvolle Vorarbeiten.

Lagerinvestitionen: Vermeiden Sie zu hohe Bestände!

Unabhängig davon, ob Sie ein Industrie- oder Handelsunternehmen gründen möchten: Einen Mindestbestand an Rohmaterial, Komponenten und Fertigwaren werden Sie in jedem Fall benötigen. Nur so können Sie die vom Markt geforderte hohe Lieferbereitschaft garantieren.

Ähnliches gilt auch in der Fertigung: Ohne Sicherheitsreserven drohen Verschiebungen oder gar Stillstände im Produktionsablauf.

Berücksichtigen Sie in Ihrer Planung auch jene Materialmengen, die sich gerade in Bearbeitung oder in Pufferlagern zwischen einzelnen Fertigungsschritten befinden.

Wichtig:

Es lassen sich bei kleineren Bestellmengen kaum Mengenrabatte erzielen. Zudem sind die anteiligen Kosten für Verpackung und Frachten spürbar höher.

Praxis-Tip:

So verlockend die Einkaufskonditionen von größeren Mengen auch sein mögen, bedenken Sie bitte vor der Bestellung die Risiken, die mit hohen Lagerbeständen verbunden sind. Dies sind insbesondere die höhere Kapitalbindung sowie die Gefahr eines Wertverlusts während der Lagerzeit. Gerade in Branchen, in denen es auf höchste Flexibilität und Schnelligkeit ankommt, können hohe Lagerbestände auch Schwächen in Ihren innerbetrieblichen Abläufen wiederspiegeln.

Risiko: höhere Kapitalbindung

Schätzen Sie die Lagerumschlagshäufigkeit realistisch ein. Die im Lager befindlichen Waren binden wertvolles Kapital, für das Sie meist noch Zinsen an Ihre Geldgeber bezahlen. Verschiedene Studien belegen: Kapitalmangel ist einer der häufigsten Gründe für das Scheitern von Existenzgründungen.

Auch stark wachsende Unternehmen benötigten hohe Mengen an Kapital. Ist davon zuviel in Lagerbeständen gebunden, so können diese eventuell nicht alle Chancen am Markt nutzen!

Risiko: Wertverluste während der Lagerphase

In vielen Branchen sind die Gewinnspannen in den letzten Jahren spürbar gesunken. Gleichzeitig sind die Risiken durch neue Produkte und immer unberechenbarere Modetrends drastisch angestiegen.

Viele Unternehmen in technologiesensiblen Branchen haben in den letzten Jahren empfindliche Verluste durch zu hohe Lagerbestände hinnehmen müssen. Preissenkungen von über 20 Prozent pro Jahr sind in diesen Märkten bereits zur Normalität geworden.

Ähnliche Risiken liegen natürlich im Handel mit Saisonartikeln und in der Nahrungs- und Genußmittel-Industrie.

Wichtig:

Stellen Sie die Ertragschancen durch sofortige Verfügbarkeit von Waren den möglichen Wertverlusten gegenüber.

Risiko: hohe Lagerbestände

In den zurückliegenden Jahren haben viele Unternehmen in Industrie und Handel erkannt, daß hohe Lagerbestände vielfach auf Schwächen in den innerbetrieblichen Abläufen zurückzuführen sind. Dank moderner Fertigungs- und Logistik-Konzepte sowie ausgeklügelter EDV-Systeme lassen sich nun Lagerbestände meist um 30 bis 50 Prozent verringern. Immer häufiger übernehmen daher spezialisierte Dienstleister das gesamte Fertigwarenlager einschließlich Kommissionierung, Verpackung und Versand der Aufträge.

Wichtig:

Sofern Sie Ihr Unternehmen in einer dieser Branchen gründen wollen, so sollten Sie sich sehr detailliert über den aktuellen Stand der Technik informieren.

Ein Standard-Investitionsplan

Die nachfolgende Tabelle verdeutlicht musterhaft den Aufbau eines Investitionsplans eines Industrieunternehmens (aus Platzgründen nur mit Ein-Jahres-Perspektive).

Standard-Investitionsplan

Investitionsgüter	Nutzungs-dauer	Jan	Feb	Mrz	Apr	...	Okt	Nov	Dez	Sum
Grund und Boden										
Gebäude										
Neu- und Umbauten										
Erweiterungen										
Installationen										
Summe Bauten										
Maschinen										
Werkzeuge										
Lagerausstattung										
Diverse Investitionen Fertigung und Lager										
Summe Produktion und Lager										
Büroausstattung										
Kommunikation (Telefon, Fax usw.)										
EDV-Hardware										
EDV-Software										
Summe Büro und EDV										
Pkw										
Lkw										
Innerbetrieblicher Fuhrpark										
Summe Fuhrpark										
Lizenzen, Patente										
Produkt- und Verfahrensentwicklung										
Summe immaterielles Vermögen										
Summe Anlagevermögen										
Rohmaterial										
Komponenten										
Fertigwaren										
Handelswaren										
Summe Erstausstattung Lager										
Gesamtsumme Investitionen										

Praktische Übung:
Investitionsplan von „Marcello's Magic Pizza Service"

Marcello wird seinen Pizza-Service in gemieteten Räumen starten. Daher entfallen größere Investitionen für den Kauf von Grundstücken und Gebäuden.

Er hat sich entschlossen, den Pizzaofen, die Ausstattung der Küche, die Verkaufstheke sowie die gesamte Büro- und EDV-Ausstattung zu kaufen. Gleiches gilt für den Motorroller, den er sehr günstig gebraucht erwerben kann. Den für die Pizza-Ausfahrten benötigten Pkw wird er jedoch beim Fahrzeughändler leasen.

Seine Warenlager sind sehr überschaubar. Neben den schon erwähnten Weinflaschen wird er noch einen Grundstock an Lebensmitteln, Gewürzen usw. anschaffen.

Die Fälligkeit der Zahlungen ist in seinem Investitionsplan bereits berücksichtigt – beispielsweise bei der Küche oder der Verkaufstheke.

Marcello's Investitionsplan stellt sich somit wie folgt dar:

Investitionsplan „Marcello's Magic Pizza Service"								
Investitionsgüter	Nutzungs-dauer (Jahre)	Jan	Feb	Mrz	Apr	...	Dez	Sum
Pizzaofen inkl. Einbau	5	15.000						15.000
Küche inkl. Einbau und div. Maschinen	8	5.000	10.000					15.000
Verkaufstheke inkl. Einbau	8		4.000					4.000
Summe Produktion und Lager		**20.000**	**14.000**	**0**	**0**		**0**	**34.000**
Telefonanlage, Handies	5	2.500						2.500
Intelligentes Kassensystem	5	10.000						10.000
PC inkl. Software	5	6.000						6.000
Schreibtische inkl. Stühle	8	2.000						2.000
Kopierer	5	1.500						1.500
Summe Büro und EDV		**22.000**	**0**	**0**	**0**		**0**	**22.000**
Motorroller	4			3.000				3.000
Summe Fuhrpark		**0**	**0**	**3.000**	**0**		**0**	**3.000**
Summe Anlagevermögen		**42.000**	**14.000**	**3.000**	**0**		**0**	**59.000**
Diverse Nahrungsmittel		7.500						7.500
Weine (Flaschen)		1.739						1.739
Summe Erstausstattung Lager		**9.239**	**0**	**0**	**0**		**0**	**9.239**
Gesamtsumme Investitionen		**51.239**	**14.000**	**3.000**	**0**		**0**	**68.239**

7. Einkaufsplanung

Der Einkaufsplan basiert wie der Investitionsplan auf dem Produktionsplan. Im Einkaufsplan fassen Sie die benötigten Mengen an Rohmaterialien, Personal oder Dienstleistungen zusammen. Dabei werden vorläufig nur Mengen geplant – also noch ohne Berücksichtigung der Kosten.

Der wichtigste Unterschied liegt in der Zielsetzung, die mit beiden Plänen verfolgt wird: Während der Produktionsplan die benötigten Mengen für jeden Monat exakt abbildet, versucht der Einkaufsplan die Beschaffung der benötigten Artikel zu optimieren.

Die Gründe für die Unterschiede zwischen Einkaufs- und Produktionsplan ergeben sich im Regelfall durch lange Lieferzeiten, Mindestbestellmengen oder Einarbeitungsphasen von Mitarbeitern. Der Einkaufsplan unterscheidet sich daher vom Produktionsplan vor allem in den Bereichen Material und Personal.

Häufig umfaßt der Einkaufsplan darüber hinaus noch den Kapitalbedarf aus der Kapitalplanung (Langfrist-Kapital) und der Liquiditätsplanung (Kurzfrist-Kapital). Aus Gründen der Übersichtlichkeit finden Sie aber die Kapital- und Liquiditätsplanung in jeweils eigenen Abschnitten.

Hinweis:

Die Unterscheidung zwischen Produktions- und Einkaufsplan mag auf den ersten Blick etwas theoretisch klingen. Für Existenzgründer ist dies jedoch von entscheidender Bedeutung. Daher einige Beispiele aus der täglichen Praxis.

Einkaufsplanung: Personal

In der Produktionsplanung wird festgelegt, wieviele Mitarbeiter mit welcher Qualifikation zu welchem Zeitpunkt benötigt werden. Dies gilt für alle Bereiche des Unternehmens.

Der Einkaufsplan übernimmt nun die Anzahl und das geforderte Qualifikationsprofil aus dem Produktionsplan. Er berücksichtigt jedoch noch die gegebenenfalls notwendigen Einarbeitungszeiten. In dieser Zeit fallen beispielsweise Lohnkosten an, denen noch keine entsprechenden Umsätze oder Leistungen gegenüberstehen. Damit verändert sich nicht nur Ihre Kostenplanung; diese Beträge sind zudem in der Liquiditätsplanung zu berücksichtigen.

Einkaufsplanung: Material

Auch Existenzgründer stehen beim Materialeinkauf vor dem klassischen Problem, einerseits die benötigten Waren rechtzeitig und möglichst günstig einzukaufen – ohne andererseits ein hohes Lager aufzubauen.

Praxis-Tip:

Mit größeren Bestellmengen sinken nicht nur die Preise je Stück; auch die anteiligen Kosten für Verpackung und Fracht sind geringer. Darüber hinaus sind bei vielen Rohmaterialien Mindestbestellmengen oder lange Wiederbeschaffungszeiten zu berücksichtigen. Prüfen Sie weiterhin, ob Sie zusätzliches Material für Inbetriebnahmen oder Anläufe von neuen Maschinen benötigen.

Im Einkaufsplan können daher die Mengen vom Produktionsplan abweichen. Dies ist später für die Planung der Liquidität wichtig.

Materialeinkauf optimieren

In den letzten Jahren ist eine Vielzahl moderner Methoden zur Optimierung des Materialeinkaufs und der Reduzierung der Lagerbestände entwickelt worden.

Noch vor einigen Jahren galten umfangreiche Fertigwarenlager als Beweis höchster Lieferbereitschaft und guter Kapitalausstattung. Dabei waren es eher Anzeichen für wenig flexible Fertigungsabläufe.

Mit Hilfe neuer Fertigungs- und Logistik-Konzepte können in vielen Fällen die Lagerbestände bei Rohmaterialien und Fertigwaren drastisch reduziert werden. Dies gilt auch für jenes Material, daß gerade in der Fertigung bearbeitet wird.

Hinweis:

Die detaillierte Darstellung dieser Ansätze würde den Rahmen dieses Buches bei weitem sprengen. Daher an dieser Stelle die Anregung: Informieren Sie sich über den aktuellen Stand der Technik in Ihrer Branche. Erste Ansprechpartner hierzu finden sich beispielsweise in den Redaktionen von Fachverlagen oder den Gründungsberatern der Industrie- und Handelskammern. Diese helfen Ihnen dann mit Sicherheit weiter.

Ein Standard-Einkaufsplan

Produktionsplan und Einkaufsplan unterscheiden sich in ihrer Gliederung nicht wesentlich. Sie können daher bei der Einkaufsplanung den Aufbau des Produktionsplans übernehmen – siehe Seite 82.

Praktische Übung:
Einkaufsplan von „Marcello's Magic Pizza Service"

Marcellos Einkaufsplan unterscheidet sich nur in wenigen Punkten von seinem Produktionsplan, da er weder Anlernzeiten noch größere Warenlager einplanen muß. Abweichungen gibt es daher nur beim Weinlager. – Marcellos Einkaufsplan im Überblick:

Einkaufsplan „Marcello's Magic Pizza Service"

	Jan	Feb	Mrz	Apr	Mai	Jun	Jul	Aug	Sep	Okt	Nov	Dez
Material insgesamt												
Basis-Vorrat für Küche	gem. separater Liste											
Diverse Nahrungsmittel	50 kg	235 kg	522 kg	604 kg	810 kg	786 kg	814 kg	236 kg	787 kg	813 kg	785 kg	520 kg
Softdrinks (Dosen) in Stück	0	140	320	400	500	510	540	150	520	530	500	300
Weine (Flaschen) in Stück	500	0	0	0	500	0	0	0	500	0	0	0
Energie, Wasser usw.	30 %	100 %	200 %	240 %	300 %	300 %	300 %	100 %	300 %	300 %	300 %	200 %
Diverse Verbrauchsmaterialien	150 %	100 %	100 %	100 %	100 %	100 %	100 %	40 %	100 %	100 %	100 %	100 %
Mitarbeiter												
Marcello	1	1	1	1	1	1	1	1	1	1	1	1
Telefonistin	1	1	1	1	1	1	1	1	1	1	1	1
Küchenhilfe	1	1	1	1	1	1	1	1	1	1	1	1
Ausfahrer	0	1	2	3	4	4	4	1	4	4	4	3

8. Kapitalplanung

Der Kapitalplan übernimmt die in der Investitionsplanung errechneten Kosten für Gebäude, Maschinen, Fahrzeuge usw.
Dazu kommen noch die für die Startphase Ihres Unternehmens
benötigten Liquiditätsreserven. Die Summe ergibt Ihren Kapitalbedarf. Diesem stellen Sie nun Ihr verfügbares Eigenkapital
gegenüber. Erfahrungsgemäß ergibt sich nun bei Existenzgründern vielfach eine mehr oder weniger große Kapitallücke –
auch Unterdeckung genannt.

Die Finanzierungslücke ist durch Fremdkapital zu schließen.
Wie Sie dabei vorgehen wollen, beschreiben Sie in einem ei-
genständigen Finanzierungskonzept.

Hinweis:

Ein solches Finanzierungskonzept ist immer auf Ihr konkretes
Gründungsprojekt maßzuschneidern. Deshalb finden Sie in diesem Kapitel auch keinen „Standard-Kapitalplan".

**Nehmen Sie sich für das Finanzierungskonzept
ausreichend Zeit!**

Mit der Erstellung Ihrer Investitions- und Einkaufsplanung
haben Sie die wesentlichen Grundlagen bereits geschaffen. Sie
müssen nun klären, aus welchen Quellen Sie die benötigten
Kapitalsummen schöpfen können.

Wichtige Finanzierungsquellen	
Langfristige Finanzierungen	Kurzfristige Finanzierungen
● Bankdarlehen	● Kontokorrent-Kredit
● Fördermittel	● Wechseldiskontierung
● Gesellschafterdarlehen	● Factoring
● Beteiligungen	● Anzahlungen

Hinweis:

Zu diesem Thema finden Sie in der Literatur eine Reihe von Ratgebern, die sich ganz gezielt mit den genannten Finanzierungsquellen beschäftigen. Dort finden Sie auch die aktuell gültigen Konditionen und Erläuterungen zum Ausfüllen der Formulare, zum Beispiel „Geldquellen für Existenzgründer" von Dr. Peter Herz (Walhalla Fachverlag).

Darüber hinaus können Sie sich an die bereits genannten Ansprechpartner bei Ihrer Bank, Verbänden oder Kammern wenden.

Praktische Übung:
Kapitalplan von „Marcello's Magic Pizza Service"

Marcello hat die Werte aus dem Investitionsplan in die Kapitalplan-Tabelle eingetragen. Neben den Investitionen sieht er einen Bestand an flüssigen Mitteln in Höhe von DM 30.000,– vor. Sein Eigenkapital soll DM 58.300,– betragen.

Kapitalverwendung	DM	DM	Kapitalherkunft
Investitionen – Produktion – Büro + EDV – Fuhrpark	34.000 22.000 3.000	58.300	**Eigenkapital**
Erstausstattung Lager	9.300		
Reserve flüssige Mittel	30.000		
Summe Kapitalbedarf	**98.300**	**40.000**	**Finanzierungslücke**

Die Kapitalplanung weist also insgesamt gesehen eine Finanzierungslücke in Höhe von DM 40.000,– aus. Diese will Marcello durch einen Bankkredit schließen. Für die Liquiditäts- und Kostenplanung unterstellt er nun folgende Konditionen:

- Zins: 7,5 % p. a.; zahlbar monatlich (DM 300,–/Monat)
- Tilgung: DM 5.000,– pro Jahr; zahlbar im Dezember
- Auszahlung am 1. Januar

9. Kostenplanung

Im Kostenplan werden zum einen die Inhalte des Einkaufsplans mit den jeweiligen Einkaufspreisen multipliziert. Daneben erweitert der Kostenplan die Struktur des Einkaufsplans um weitere Elemente wie Zinsen oder Abschreibungen. Dies ist insofern zweckmäßig, da Sie durch einen klar strukturierten Kostenplan die Grundlagen für die darauf aufbauende Kostenrechnung legen können.

Im Kapitel 4 finden Sie die verschiedenen Kostenarten im Detail erläutert. An dieser Stelle ist deshalb eine kurze Einführung ausreichend.

Wird Ihre Liquidität belastet?

In der Kostenrechnung werden zwei Bereiche unterschieden: Liquiditätswirksame Kosten (Material, Personal usw.) und liquiditätsneutrale Kosten, beispielsweise die Abschreibungen.

Liquiditätswirksame Ausgaben

Hierunter fallen die Kosten für Material, Personal, Mieten, Versicherungen und viele andere Positionen, die Sie im Einkaufsplan bereits festgelegt haben.

Die Kosten für Rohmaterial oder Personal führen nun zu konkreten Geldbewegungen – beispielsweise als Barzahlung, Einlösung eines von Ihnen ausgestellten Schecks oder durch Überweisungen von Ihrem Bankkonto. Sie verringern damit Ihre Liquidität. Daher der Begriff „liquiditätswirksam".

Abschreibungen

Daneben entstehen in Ihrem Unternehmen durch die Nutzung der Investitionsgüter – also Gebäude, Maschinen oder Fahrzeuge – weitere Kosten: die sogenannten Abschreibungen. Diese stehen für den Wertverlust, den die einzelnen Güter durch den Einsatz in Ihrer Firma erleiden. Abschreibungen sind unvermeidlich und müssen auch bei der Kalkulation Ihrer Produkte berücksichtigt werden. Allerdings liegt der Vorteil darin, daß damit keine Geldbewegungen verbunden sind: Sie belasten damit Ihre Liquidität nicht mehr.

Neben den Abschreibungen gibt es noch eine ganze Reihe weiterer liquiditätsneutraler Kosten wie Rückstellungen für zu erwartende Garantieleistungen. Hierzu finden Sie die Erläuterungen in den Ausführungen zur Kostenrechnung auf Seite 148.

Wer hat die Kosten verursacht?

Genau formuliert lautet die Frage: Sind die Kosten von den hergestellten Produkten selbst verursacht worden oder sind sie im Rahmen des allgemeinen Geschäftsbetriebes angefallen? Dafür stehen die Begriffe „Einzelkosten" und „Gemeinkosten".

Einzelkosten

Kosten für Rohmaterial oder Löhne in der Fertigung können einzelnen Produkten anhand von Stücklisten und Arbeitsplänen relativ genau zugeordnet werden. Der „Verursacher" ist also konkret feststellbar.

Gemeinkosten

Eine Vielzahl von Kosten lassen sich jedoch nicht auf die verschiedenen Produkte direkt zurechnen.

Beispiele:

Versicherungen, Mieten, Gehälter von Verwaltungsmitarbeitern usw.

Diese Kosten werden später im Rahmen der Kostenrechnung auf die verschiedenen Fertigprodukte umgerechnet. Beispielsweise berücksichtigt die Kalkulation sowohl Einzel- als auch Gemeinkosten.

Kostenplanung: Tips und Tricks

Für die Kostenplanung benötigen Sie im Regelfall nur noch die Preise für die einzelnen Produkte oder Dienstleistungen, die

Sie einkaufen müssen. Die Mengen haben Sie ja bereits in den vorherigen Planungsschritten ermittelt. Bevor Sie aber mit der Kostenplanung starten noch einige Hinweise:

Vergleichen Sie Angebote sorgfältig

Dies ist kein Scherz, sondern die bittere Erfahrung aus der Praxis. Nicht nur bei größeren Beträgen sollten Sie folgende Fragen klären:

- Was steht in den „Allgemeinen Geschäftsbedingungen" Ihrer Lieferanten?

- Wer übernimmt beispielsweise die Kosten für Verpackung, Fracht, Verzollung, Versicherungen gegen Transportschäden usw.?

- Falls Sie in Fremdwährung bezahlen müssen: Sind Sie vor Währungsrisiken geschützt?

- Erscheinen die zugesagten Lieferzeiten plausibel – und wie sind Sie gegen Lieferverzüge abgesichert?

Praxis-Tip:

Viele Existenzgründer tun sich beim Abschluß der betrieblich notwendigen Versicherungen schwer. Führen Sie Gespräche mit mehreren Anbietern oder Maklern. Fragen Sie bei Verbänden oder Kammern nach Erfahrungswerten.

Bei Mietkosten können Sie auf die Kennzahlen der gegebenenfalls vorliegenden Betriebs- oder Branchenvergleiche zurückgreifen. Analoges gilt für die Personalkosten.

Berücksichtigen Sie die Fälligkeit der Beträge

Wie bereits beim Umsatzplan geschehen, sollten Sie auch beim Kostenplan die Fälligkeit der Zahlungen notieren. Dies ist wiederum eine wichtige Vorbereitung für die Liquiditätsplanung.

Mit dem Zahlungszeitpunkt ist natürlich die Möglichkeit des Skontoabzugs eng verbunden. In aller Regel gilt: Nutzen Sie mögliche Skontoabzüge aus – sofern es Ihre Liquidität zuläßt.

Planen Sie alle Kosten ein

Gehen Sie abschließend nochmals Ihren Kostenplan durch und prüfen Sie dabei, ob all jene Aktivitäten in Ihrem Marketing-Konzept sich auch in der Kostenplanung wiederfinden. Die Erfahrung zeigt, daß Existenzgründer meist fünf Kostenblöcke nur unzureichend berücksichtigen:

- Lebensunterhalt des Existenzgründers: Stellen Sie in Ihre Planung jenen Betrag ein, den Sie mindestens zur Deckung Ihres Lebensunterhalts benötigen. Dazu gehören vor allem Mieten, Versicherungen, Kleidung, Nahrungsmittel usw.

- Personalnebenkosten: Denken Sie dabei an Urlaubs- oder Weihnachtsgeld. Vergessen Sie die Arbeitgeber-Anteile an den Sozialversicherungen nicht. Rechnen Sie hierfür zwischen 20 und 30 Prozent des Bruttogehalts ein.

- Ausgaben für Werbung und Vertriebskosten in der Startphase: Werbeanzeigen, Prospekte und Kataloge kosten meist mehr als Sie vielleicht vermuten.

- Kosten der Gründung selbst: Sie werden Rechtsanwälte, Notare oder Steuerberater benötigen. Klären Sie die anfallenden Gebühren bei Verbänden oder Kammern.

- Zinszahlungen an die Kapitalgeber: Prüfen Sie dabei gleichzeitig die Fälligkeit der Zinszahlungen für aufgenommene Investitionskredite oder für eingeräumte Kreditlinien auf Ihren Girokonten.

Ein Standard-Kostenplan

Auf den nächsten Seiten finden Sie einen bewußt ausführlichen Kostenplan, damit Sie Ihre Kostenplanung auf Vollständigkeit prüfen können.

Standard-Kostenplan

	Jan	Feb	Mrz	...	Okt	Nov	Dez	Sum
Handelsware								
Rohstoffe								
Hilfs- und Betriebsstoffe								
Anschaffungsnebenkosten								
Leergut								
Zölle und Einfuhrabgaben								
Summe Materialaufwand								
Fremdleistungen								
Summe Aufwendungen für bezogene Fremdleistungen								
Löhne								
Gehälter								
Tantiemen								
Aushilfslöhne								
Lohnsteuer für Aushilfen								
Fahrtkostenerstattung								
Pauschale Lohnsteuer auf sonstige Bezüge (z. B. Fahrkostenerstattung)								
Urlaubsgeld/Weihnachtsgeld								
Vermögenswirksame Leistungen								
Rentenversicherung								
Krankenversicherung								
Unfallversicherung								
Arbeitslosenversicherung								
Pflegeversicherung								
Sonstige Sozialabgaben								
Lohn- und Kirchensteuer								
Summe Personalaufwand								
AfA auf Büroausstattung (Möbel, Kopierer usw.)								
AfA auf Kommunikation (Telefon, Fax usw.)								
AfA auf EDV-Hardware								
AfA auf EDV-Software								
AfA auf Geschäftsräume oder Gebäude								
Sofortabschreibung geringwertiger Wirtschaftsgüter (Wert unter DM 800,–)								
Summe Abschreibungen								

	Jan	Feb	Mrz	...	Okt	Nov	Dez	Sum
Raumkosten, Miete								
Pacht								
Heizung								
Gas, Strom, Wasser								
Reinigung								
Instandhaltung betrieblicher Räume								
Reparatur und Instandhaltung von Maschinen und technischen Anlagen								
Reparatur und Instandhaltung von Betriebs- und Geschäftsausstattung								
Summe Raumkosten								
Fahrzeugkosten (Pkw, Lkw)								
Kfz-Versicherung								
Kfz-Reparaturen								
Garagenmiete								
Fremdfahrzeuge								
Reisekosten								
Zufahrten, Rangier- und Stellplätze								
Kilometergelderstattung								
Summe Reise- und Fahrzeugkosten								
Versicherungen								
Beiträge								
Werbekosten								
Repräsentationskosten								
Bewirtungskosten								
Lizenzen, Patente								
Produkt- und Verfahrensentwicklung								
Summe sonstiger Aufwand								
Verpackungsmaterial								
Frachten								
Transportversicherungen								
Verkaufsprovisionen								
Gewährte Skonti								
Summe Aufwand Warenabgabe								
Porto								
Telefon								
Bürobedarf								
Zeitschriften, Bücher								

	Jan	Feb	Mrz	...	Okt	Nov	Dez	Sum
Fortbildungskosten								
Buchführungskosten								
Abschluß- und Prüfungskosten								
Rechts- und Beratungskosten								
Summe sonstiger Verwaltungsaufwand								
Werkzeuge und Kleingeräte								
Sonstiger Betriebsbedarf								
Mietleasing								
Summe Betriebsaufwand								
Vermögenssteuer								
Gewerbesteuer								
Gewerbekapitalsteuer								
Grundsteuer								
Körperschaftssteuer								
Sonstige Steuern								
Summe Steuern								
Zinsen für Kredite								
Nebenkosten Geldverkehr								
Summe Zinsen und ähnliche Aufwendungen								
Forderungsverluste								
Summe außerordentliche Aufwendungen								
Summe Gesamt-Aufwand								

Gewinn- und Verlust-Plan (GuV-Plan)

Sie haben nun Ihre Unternehmensplanung weitgehend abgeschlossen. Stellen Sie die Werte aus Ihrer Umsatzplanung den ermittelten Kosten gegenüber.

Praktische Übung: Kosten- und GuV-Plan von „Marcello's Magic Pizza Service"

Marcello's Kostenplan ist in der folgenden Tabelle wiedergegeben. Er hat anschließend die Gesamtsumme seiner Umsätze aus der Umsatzplanung übernommen und davon die Summe seiner geplanten Kosten abgezogen.

Kosten- und GuV-Planung „Marcello's Magic Pizza Service"

Kostenplan MMPS	Jan	Feb	Mrz	Apr	Mai	Jun	Jul	Aug	Sep	Okt	Nov	Dez	Sum
Einzelkosten													
Diverse Nahrungsmittel	400	1.876	4.176	4.828	6.476	6.288	6.508	1.884	6.296	6.500	6.280	4.160	55.672
Softdrinks	0	70	160	200	250	255	270	75	260	265	250	150	2.205
Weine	1.750	0	0	0	1.750	0	0	0	1.750	0	0	0	5.250
Summe Einzelkosten	**2.150**	**1.946**	**4.336**	**5.028**	**8.476**	**6.543**	**6.778**	**1.959**	**8.306**	**6.765**	**6.530**	**4.310**	**63.127**
Gemeinkosten													
Gehalt Marcello inkl. Sozialvers.	4.500	4.500	4.500	4.500	4.500	4.500	4.500	4.500	4.500	4.500	4.500	4.500	54.000
Telefonistin	600	600	600	600	600	600	600	600	600	600	600	600	7.200
Küchenhilfe inkl. Sozialvers.	2.500	2.500	2.500	2.500	2.500	2.500	2.500	2.500	2.500	2.500	2.500	2.500	30.000
Ausfahrer	0	600	1.200	1.800	2.400	2.400	2.400	600	2.400	2.400	2.400	1.800	20.400
Mieten Flächen insgesamt	1.500	1.500	1.500	1.500	1.500	1.500	1.500	1.500	1.500	1.500	1.500	1.500	18.000
Miete Stellplätze	100	100	100	100	100	100	100	100	100	100	100	100	1.200
Energie, Wasser	90	300	600	720	900	900	900	300	900	900	900	600	8.010
Leasing Pkw inkl. Vers.	600	600	600	600	600	600	600	600	600	600	600	600	7.200
Diverse Verbrauchsmaterialien	225	150	150	150	150	150	150	60	150	150	150	150	1.785
Honorar Steuerberater	1.500	750		750		750		750		750		750	6.000
Full-service-Werbeagentur	750	750	500	250									2.250
Honorar Rechtsanwalt	1.200	400											1.600
Zinsen, Kredite	300	300	300	300	300	300	300	300	300	300	300	300	3.600
Summe Gemeinkosten	**13.865**	**13.050**	**12.550**	**13.770**	**13.550**	**14.300**	**13.550**	**11.810**	**13.550**	**14.300**	**13.550**	**13.400**	**161.245**
Liquiditätswirksame Kosten	**16.015**	**14.996**	**16.886**	**18.798**	**22.026**	**20.843**	**20.328**	**13.769**	**21.856**	**21.065**	**20.080**	**17.710**	**224.372**

Abschreibungen	Jan	Feb	Mrz	Apr	Mai	Jun	Jul	Aug	Sep	Okt	Nov	Dez	Sum
Pizzaofen	250	250	250	250	250	250	250	250	250	250	250	250	3.000
Küche und diverse Maschinen	52	156	156	156	156	156	156	156	156	156	156	156	1.771
Verkaufstheke		42	42	42	42	42	42	42	42	42	42	42	458
Motorroller			63	63	63	63	63	63	63	63	63	63	625
Telefonanlage, Handies	42	42	42	42	42	42	42	42	42	42	42	42	500
Intelligentes Kassensystem	167	167	167	167	167	167	167	167	167	167	167	167	2.000
PC inklusive Software	100	100	100	100	100	100	100	100	100	100	100	100	1.200
Schreibtische inklusive Stühle	21	21	21	21	21	21	21	21	21	21	21	21	250
Kopierer	25	25	25	25	25	25	25	25	25	25	25	25	300
Summe Abschreibungen	**656**	**802**	**865**	**865**	**865**	**865**	**865**	**865**	**865**	**865**	**865**	**865**	**10.104**
Gesamtsumme Kosten	**16.671**	**15.798**	**17.751**	**19.663**	**22.891**	**21.708**	**21.193**	**14.634**	**22.721**	**21.930**	**20.945**	**18.575**	**234.476**

GuV-Plan MMPS	Jan	Feb	Mrz	Apr	Mai	Jun	Jul	Aug	Sep	Okt	Nov	Dez	Sum
Umsatz gesamt	0	8.607	19.129	22.006	29.651	28.700	29.660	8.609	28.702	29.658	28.698	19.125	252.546
Kosten gesamt	16.671	15.798	17.751	19.663	22.891	21.708	21.193	14.634	22.721	21.930	20.945	18.575	234.476
Ergebnis	**-16.671**	**-7.191**	**1.379**	**2.343**	**6.761**	**6.993**	**8.467**	**-6.024**	**5.982**	**7.728**	**7.754**	**550**	**18.070**

Marcello erkennt nun, daß sein Pizza-Service zwar in den ersten beiden Monaten noch Anlaufverluste verkraften muß; über das ganze Jahr gesehen wird er jedoch einen Gewinn von ca. DM 18.000,– erwirtschaften, da sein Grundgehalt bereits in den Kosten enthalten ist.

10. Liquiditätsplanung

Der Liquiditätsplan übernimmt eine Reihe von Daten aus den Planungen von Umsatz, Kosten und Investitionen. Im Vordergrund stehen dabei die Zeitpunkte von Zahlungsein- oder -ausgängen. Abschreibungen werden daher in der Liquiditätsplanung nicht berücksichtigt. Insofern geht es bei der Liquiditätsplanung in erster Linie darum, die verschiedenen Einnahmen und Ausgaben zeitgerecht einzuordnen. Dabei ist insbesondere die Zeitspanne zwischen dem Zahlungsausgang für Materiallieferungen oder Löhnen und Gehältern einerseits und dem Zahlungseingang aus Warenlieferungen andererseits zu berücksichtigen.

Ziele der Liquiditätsplanung

Das Minimalziel der Liquiditätsplanung ist die Aufrechterhaltung der jederzeitigen Zahlungsfähigkeit. Auch wenn Ihr Unternehmen gemäß GuV-Planung am Jahresende einen Gewinn erwirtschaften wird: Ohne die Verfügbarkeit von flüssigen Mitteln können Sie in kritische Situationen geraten.

Ist die Zahlungsfähigkeit sichergestellt, so können Sie mit einer durchgängigen Liquiditätsplanung die Inanspruchnahme von (teurem) Fremdkapital – zum Beispiel eines Kontokorrentkredits – auf ein Minimum zurückführen.

Darüber hinaus sind Sie mittels einer transparenten Planung Ihrer Liquidität in der Lage, Ihre verfügbaren Mittel so einzusetzen, daß Sie die Rechnungen Ihrer Lieferanten möglichst unter Nutzung des Skontoabzugs bezahlen können.

Liquiditätsplan: wie sich Zahlungsfristen auswirken

Auch wenn Sie Ihre Rechnungen mit der Ware selbst versenden: Längst nicht alle Kunden zahlen sofort. In vielen Branchen existieren Erfahrungswerte darüber, wieviel Prozent der Rechnungen eines Monats innerhalb gewisser Fristen bezahlt wird. Die Folge liegt auf der Hand: Selbst bei konstanten Umsätzen schwanken Ihre Zahlungseingänge in der Anfangsphase erheblich. Mit Hilfe folgender Tabellen können Sie diesen Effekt nachverfolgen.

Geldeingang in Abhängigkeit der Kundengruppe

Kundengruppe	lfd. Monat	in 30 T	in 60 T	in 90 T
Inland	50 %	30 %	10 %	10 %
Ausland	20 %	20 %	50 %	10 %

Beispiel:

50 Prozent aller Rechnungen an Kunden im Inland werden im selben Monat bezahlt.

Simulation: Geldeingang bei konstanten Umsätzen

Kunden-gruppe	Monat	Umsatz DM	Zahlungseingänge							
			Jan	Feb	Mrz	Apr	Mai	Jun	Jul	...
Inland	Januar	10.000	5.000	3.000	1.000	1.000				
Ausland	Januar	5.000	1.000	1.000	2.500	500				
Inland	Februar	10.000		5.000	3.000	1.000	1.000			
Ausland	Februar	5.000		1.000	1.000	2.500	500			
Inland	März	10.000			5.000	3.000	1.000	1.000		
Ausland	März	5.000			1.000	1.000	2.500	500		
Inland	April	10.000				5.000	3.000	1.000	1.000	
Ausland	April	5.000				1.000	1.000	2.500	500	
Summe Geldeingänge			6.000	10.000	13.500	15.000	9.000	5.000	1.500	

Fazit: Erst ab April entsprechen Ihre Erlöse auch den monatlichen Umsätzen.

Liquiditätsplan: Handhabung der Umsatzsteuer

Die Liquiditätsplanung beruht auf effektiven Zahlungseingängen. Damit rechnet sie – im Gegensatz zur GuV-Planung – mit Werten inklusive Umsatzsteuer (USt). Dies gilt zumindest für Rechnungen an Kunden im Inland beziehungsweise Rechnungen von inländischen Lieferanten. Im Export-/Import-Geschäft fällt dagegen keine Umsatzsteuer an.

Der Umsatzsteuerbetrag ist auf jeder Rechnung auszuweisen. In Handwerk, Industrie und in vielen Dienstleistungsberufen beträgt der Steuersatz meist 15 Prozent. Allerdings gibt es eine

Vielzahl von Ausnahmen. Beispielsweise sind in den Preisen von Nahrungsmitteln, Büchern oder den Rechnungen „freier Berufe" wie Architekten, Ärzte oder Schriftsteller nur 7 Prozent Umsatzsteuer enthalten.

Ein weiterer wichtiger Sonderfall: pauschalierte Kosten für Reiseverpflegung und Übernachtungen. Hier kann das Sammeln von einzelnen Belegen sehr zeitaufwendig sein. Das Finanzamt erlaubt daher die Anrechnung von Pauschalen, die meist nach Dauer der Dienstreise gestaffelt sind. In diesen Beträgen ist ein Umsatzsteuerbetrag von 11,6 Prozent enthalten.

Praxis-Tip:

Klären Sie die Einzelheiten der für Sie relevanten Umsatzsteuer mit Ihrem Steuerberater.

Die Umsatzsteuerbeträge, die Sie Ihren Kunden im Inland in Rechnung stellen, führen Sie periodisch – meist monatlich – an das Finanzamt ab. Jene Umsatzsteuerbeträge (auch Vorsteuer genannt), die Sie an Lieferanten gezahlt haben, erhalten Sie vom Finanzamt zurück. Sie müssen daher nur die Differenz der beiden Beträge betrachten: Falls größer Null DM zahlen Sie an das Finanzamt, falls kleiner Null DM erhalten Sie vom Finanzamt eine entsprechende Überweisung.

Beispiel:

	Netto	Brutto	USt
Eigene Rechnungen an Kunden im Inland	2.000	2.300	300
Bezahlte Lieferantenrechnungen	−1.000	−1.150	−150
Saldo Umsatzsteuer			150

In diesem Beispiel ist der Saldo größer Null DM; Sie sind daher verpflichtet, diesen Betrag an das Finanzamt abzuführen.

Praxis-Tip:

Diese Gegenüberstellung müssen Sie in aller Regel monatlich durchführen und das Ergebnis spätestens bis zum 10. des Folgemonats an das Finanzamt melden. Die meisten Unternehmen haben eine sogenannte Dauerfrist-Verlängerung erhalten. Sie können sich dann mit der Meldung bis zum 10. des übernächsten Monats Zeit lassen. Die Dauerfrist-Verlängerung wird nur auf Antrag gewährt. Ihr Steuerberater hat die notwendigen Formulare mit Sicherheit in seinem Büro.

Umsatzsteuer vorfinanzieren – wann?

Aus Sicht des Finanzamts „entsteht" die Umsatzsteuer mit der Erstellung der Rechnung. Zu welchem Zeitpunkt Sie den Rechnungsbetrag erhalten, ist dabei unerheblich. Zwar gilt dies umgekehrt auch für die Lieferanten-Rechnungen, die Sie erhalten, jedoch kann es bei langen Zahlungszielen Ihrer Kunden durchaus vorkommen, daß Sie einen Teil der Umsatzsteuer vorfinanzieren müssen.

Dies ist für größere Unternehmen zumeist kein Problem, da sich dort die Zahlungsein- und -ausgänge schon eingependelt haben. Für kleinere Unternehmen kann diese Regelung jedoch unter ungünstigen Umständen zu einer Verknappung der Liquidität führen. Die Alternative: Sie vereinbaren mit dem Finanzamt, daß Sie die Umsatzsteuer und die Vorsteuer erst ab dem Zeitpunkt des Zahlungseingangs (für USt) beziehungsweise Ihrer Überweisung an die Lieferanten (für Vorsteuer) berücksichtigen.

Jede Option hat Vor- und Nachteile: Sprechen Sie daher Ihren Steuerberater auf die verschiedenen Möglichkeiten an. Die Stichworte für Sie: Abführung der Umsatzsteuer nach „vereinnahmter Leistung" oder nach „vereinbarter Leistung".

Liquiditätsplan: Tips und Tricks

Sie haben bereits in den vorhergehenden Schritten der Unternehmensplanung eine Reihe von grundsätzlich wichtigen Fragen der Liquiditätsplanung berücksichtigt. Daher kann an dieser Stelle eine Zusammenfassung der wichtigsten Tips und Tricks genügen:

Zahlungsverhalten Ihrer Kunden regelmäßig prüfen

Gerade Existenzgründer sind hier gefordert, die Zahlungsströme sorgfältig zu prüfen. Meist sind Veränderungen im Zahlungsverhalten auf die Erschließung neuer Vertriebswege oder neuer Absatzregionen zurückzuführen. Ebenso können konjunkturelle Schwankungen einer Branche hierfür die Ursache sein.

Anzahlungen oder Kautionen

Dieser Punkt wird leider sehr häufig von künftigen Unternehmern übersehen. Denken Sie an Anzahlungen für geplante Investitionen oder Mietkautionen. Diese Zahlungen können meist nur mit Fördermitteln geleistet werden.

Investitionen

Prüfen Sie den Zeitpunkt der Fälligkeit Ihrer Zahlung nochmals genau nach. Haben Sie alle damit verbundenen Nebenkosten berücksichtigt (Frachten, Zoll, Inbetriebnahmen, Ausschuß während Probebetrieb usw.)?

Fördermittel oder Zuschüsse

Klären Sie den Zeitpunkt der Auszahlung sehr sorgfältig ab. Planen Sie zusätzlich ein bis zwei Wochen Pufferzeit ein. Bis zur Gutschrift der Gelder ist meist eine Vielzahl von bürokratischen Stolpersteinen zu überwinden.

Zins- und Tilgungszahlungen

Gerade Tilgungszahlungen für Kredite aus Förderprogrammen stellen Existenzgründer immer wieder vor Liquiditätsprobleme. Meist beginnt die Rückzahlung bereits nach wenigen Jahren und mit einem hohen Prozentsatz. Klären Sie daher die Tilgungsmodalitäten genau ab. Wann ist die erste Rate fällig? In welcher Höhe? Steigt der Tilgungsbetrag anschließend jährlich an?

Anfangs- oder Abschluß-Raten beim Leasing

Haben Sie in Ihren Leasingverträgen höhere Einmalzahlungen zu Beginn oder am Ende der vertraglich vereinbarten Laufzeit festgeschrieben? Wenn ja, so sollten Sie diese Beträge ebenfalls in die Liquiditätsplanung einstellen.

Verbindlichkeiten aus Warenwechseln sorgfältigst beachten

Falls Sie im Rahmen Ihres Finanzierungskonzepts den Einsatz von Warenwechseln planen, so sollten Sie deren Fälligkeit genauestens überwachen. Eine Wechselfinanzierung ist in aller Regel wesentlich günstiger als ein Kontokorrentkredit. Können Sie jedoch einen fälligen Wechsel nicht bezahlen, gefährden Sie Ihr Unternehmen: Jeder nicht bezahlte Wechsel wird von den Banken registriert – und damit ist Ihre Bonität für lange Zeit zunichte gemacht.

Wichtig:

Informieren Sie sich daher vor der Ausgabe von Warenwechseln ausführlich – durch Literatur oder durch Gespräche mit Ihrer Hausbank.

Nutzen Sie verfügbare EDV-Systeme

Die Liquiditätsplanung ist zu wichtig, um sie „nebenher" zu betreiben. Nutzen Sie möglichst die am Markt befindlichen

DV-Programme. Alle führenden Kreditinstitute bieten Ihren Geschäftskunden entsprechende Software an, mit der Sie auch Ihren Zahlungsverkehr durchführen können.

Wie Sie möglichst rasch an Ihr Geld kommen

Nicht nur Jungunternehmer wie Sie stehen vor dem Problem, möglichst rasch nach Lieferung der Ware die Gutschrift auf dem Konto verbuchen zu können. Beherzigen Sie daher sechs in der Praxis bewährte Regeln:

Schreiben Sie Rechnungen sofort bei Auslieferung

Meist benötigen Sie zur Erstellung der Rechnung noch Angaben vom Versand – beispielsweise Gewichte oder Frachtkosten. Stellen Sie sicher, daß die Mitarbeiter diese Daten direkt am Arbeitsplatz eingeben können. So kann die Rechnung noch am selben Tag an den Kunden versandt werden.

Teuer, aber schnell: Skonto

Das wohl wirkungsvollste Mittel, Ihre Kunden zur raschen Bezahlung Ihrer Rechnung zu motivieren, ist das Einräumen einer Skontostaffel. Eine klassische Staffelung ist beispielsweise: Bei Zahlung innerhalb von 10 Tagen drei, innerhalb von 20 Tagen zwei und innerhalb von 30 Tagen ein Prozent Skonto.

Berücksichtigen Sie dabei jedoch, daß Skontogewährung relativ teuer ist!

Machen Sie Ihren Kunden das Bezahlen so leicht wie nur möglich

Ein einfacher Trick: Legen Sie Ihren Waren vorgedruckte Überweisungsformulare bei. Drucken Sie im Textfeld den möglichen Skontobetrag sowie das dazugehörige Zahlungsdatum ein.

Bonität von neuen Kunden prüfen

Gerade Sie als Existenzgründer müssen sich vor langwierigen Mahnverfahren oder gar gegen Forderungsausfälle schützen. Eine einfache, aber wirkungsvolle Möglichkeit: Liefern Sie die ersten beiden Sendungen nur gegen Nachnahme.

Drängen Sie auf Anzahlungen!

Dies ist im Anlagengeschäft oder bei größeren Bauvorhaben völlig normal.

Mahnen Sie – freundlich, aber bestimmt

Vermeiden Sie Standardbriefe. Diese machen ohnehin keinen Eindruck. Vor einer schärfer formulierten zweiten Mahnung sollten Sie die Finanzbuchhaltung Ihres Kunden anrufen. Vielleicht kam die Ware aufgrund irgendwelcher Fehler zurück und Ihr Wareneingang hat die Meldung noch nicht an Sie weitergeleitet.

Ein Standard-Liquiditätsplan

Im Rahmen der Kostenplanung haben Sie bereits eine erste liquiditätsorientierte Gliederung vorgenommen. Darauf können Sie jetzt aufbauen. Streichen Sie die Zeilen für die Abschreibungen einfach aus der Tabelle heraus und fügen Sie im Gegenzug noch Zeilen für Kreditauszahlungen, Investitionen, Tilgungen oder gegebenenfalls Wechselverbindlichkeiten ein.

Sofern Sie Ihr Unternehmen im Import-/Export-Geschäft starten wollen, sollten Sie darüber hinaus alle relevanten Bereiche – meist Umsatz und Materialkosten – aufteilen in umsatzsteuerfreie und -pflichtige Beträge.

Sie können allerdings die Werte der Kostenplanung nicht ungeprüft übernehmen. Diese müssen Sie jetzt unter dem Gesichtspunkt der Fälligkeit neu auf die einzelnen Monate zuordnen. Schätzen Sie dazu das Zahlungsverhalten Ihrer Kunden ab. Ein

Muster hierfür finden Sie beispielsweise in der Tabelle auf Seite 118. Erstellen Sie die Liquiditätsplanung möglichst am PC. Falls Sie keine spezielle Software kaufen möchten, so kann Ihnen wahrscheinlich Ihr Steuerberater mit einer vorstrukturierten Tabelle weiterhelfen.

Standard-Liquiditätsplan

Positionen	USt-relev.	ZNr.	Jan	Feb	...	Dez
Anfangsbestand	nein	1				
Einnahmen						
aus Umsatz Inland	ja	2				
aus Umsatz Ausland	nein	3				
aus sonstigen Einnahmen	ja	4				
aus Auszahlung von Krediten	nein	5				
Ausgaben						
für Material Inland	ja	6				
für Material Ausland	nein	7				
für Personal inkl. Sozialvers.	nein	8				
für sonstige Ausgaben	ja	9				
für Zinsen	nein	10				
Wechselfälligkeiten	nein	11				
Investitionen inkl. Anzahlungen Inland	nein	12				
für Investitionen aus Ausland	nein	13				
Tilgungen Kredite	nein	14				
Saldo Umsatzsteuer (vgl. Nebenrechnung)	nein	15				
Summe Liquiditätsveränderungen		16				
Endbestand Liquidität		17				
= Anfangsbestand Folgemonat						
Nebenrechnung Umsatzsteuer						
Summe aller USt-relev. Einnahmen						
Summe aller USt-relev. Ausgaben						
Saldo USt (ZNr. 15) => Übertrag in Folgemonat						

Praktische Übung:
Liquiditätsplan von „Marcello's Magic Pizza Service"

Zugegeben, Marcello's Liquiditätsplanung ist wesentlich über-
schaubarer als jene eines international tätigen Handelshauses:
Er kassiert schließlich das Geld für seine Pizzas sofort bei Lieferung.

Um jedoch nochmals die Effekte von Zahlungsverzögerungen
demonstrieren zu können, finden Sie zwei Varianten:

● Variante 1: Pizza gegen Bargeld

● Variante 2: 50 Prozent der Pizzas gegen Bargeld; 50 Prozent
  mit einem Monat Zahlungsziel

Für beide Varianten soll dabei gelten:

● Der Pizzaofen wird aus Italien angeliefert.

● Alle übrigen Investitionen stammen aus inländischer Fertigung.

● Marcello hat keine Dauerfristverlängerung beantragt. Er
  führt seine Umsatzsteuer daher im Folgemonat an das Finanzamt ab.

Sie können nun die unterschiedliche Entwicklung der Liquidität gut verfolgen. Beachten Sie bitte vor allem die ersten Monate: Dort wird die Liquidität sehr stark beansprucht.

Variante 1: Liquiditätsplan „Marcello's Magic Pizza Service"

	USt-relevant	ZNr.	Jan	Feb	Mrz	Apr	Mai	Jun	Jul	Aug	Sep	Okt	Nov	Dez	Saldo-vortrag
Anfangsbestand	nein	1	58.300	29.508	6.061	5.191	8.879	17.648	26.684	37.416	31.482	39.356	49.237	59.148	59.275
Einzahlungen															
aus Umsatz lfd. Monat	ja	2	0	9.898	21.999	25.306	34.099	33.005	34.109	9.901	33.008	34.106	33.003	21.994	
aus Umsatz Vormonat	ja	3													
Gutschrift Bankkredit	nein	4	40.000												
Auszahlungen															
für Personal	nein	5	-8.740	-9.430	-10.120	-10.810	-11.500	-11.500	-11.500	-9.430	-11.500	-11.500	-11.500	-10.810	
für Nahrungsmittel, Getränke	ja	6	-2.473	-2.238	-4.986	-5.782	-9.747	-7.524	-7.795	-2.253	-9.552	-7.780	-7.510	-4.957	
alle übrigen liquiditätsrelev. Kosten	ja	7	-7.205	-5.578	-4.313	-5.026	-4.083	-4.945	-4.083	-4.152	-4.083	-4.945	-4.083	-4.600	
für Investition Ofen	nein	8	-15.000												
für alle übrigen Investitionen	ja	9	-24.750	-16.100	-3.450										
für Erstausstattung Lager	ja	10	-10.625												
Tilgung Bankkredit	nein	11												-1.500	
Saldo Umsatzsteuer (vgl. Nebenrechnung)	nein	12	0	5.876	1.828	-1.206	-1.891	-2.644	-2.679	-2.900	-456	-2.527	-2.789	-2.793	
Saldo Einzahlungen/Auszahlungen		13	-28.792	-23.447	-870	3.689	8.769	9.036	10.732	-5.933	7.873	9.882	9.911	127	
Endbestand lfd. Monat		14	29.508	6.061	5.191	8.879	17.648	26.684	37.416	31.482	39.356	49.237	59.148	59.275	
Nebenrechnung Umsatzsteuer:															
Summe aller USt-relev. Einnahmen		15	0	9.898	21.999	25.306	34.099	33.005	34.109	9.901	33.008	34.106	33.003	21.994	
Summe aller USt-relev. Ausgaben		16	-45.052	-23.915	-12.749	-10.808	-13.830	-12.469	-11.877	-6.404	-13.634	-12.725	-11.592	-9.557	
Saldo USt (ZNr. 12) => Übertrag in Folgemonat falls kleiner Null DM = Guthaben; falls größer Null DM = an Finanzamt abzuführen		17	5.876	1.828	-1.206	-1.891	-2.644	-2.679	-2.900	-456	-2.527	-2.789	-2.793	-1.622	

118

Erläuterungen (Variante 1):

Bitte beachten Sie die Zeilennummern, die in der Tabelle in Spalte 3 angegeben sind. Diesen Wert finden Sie zu Beginn jeder Erläuterung in Klammern. Die DM-Werte sind dem Monat Februar entnommen. Aus Spalte 2 der Tabelle können Sie ableiten, ob eine Position umsatzsteuerrelevant ist oder nicht.

1. Anfangsbestand   + 29.508 DM
    Ist identisch mit dem Endbestand des Vormonats
    (Zeile 14, Monat Januar).
2. Einzahlungen aus Umsatz lfd. Monat   + 9.898 DM
    Werte aus dem Umsatzplan plus die jeweilige Umsatzsteuer.
    Bei Marcello im Februar gemäß Umsatzplan 8.607 DM
    zzgl. 15 Prozent Umsatzsteuer = 9.898 DM (gerundet).
3. Einzahlungen aus Umsatz Vormonat   + 0 DM
    In Variante 1 werden die Rechnungen sofort bezahlt. Diese
    Spalte ist jedoch in Variante 2 von Bedeutung.
4. Gutschrift Bankkredit   + 0 DM
    Ist nur im Januar relevant, da dort die Auszahlung erfolgt.
5. Auszahlungen für Personal   – 9.430 DM
    Der Wert wurde direkt dem Kostenplan entnommen.
6. Auszahlungen für Nahrungsmittel, Getränke usw.   – 2.238 DM
    Wert aus dem Kostenplan (1.946 DM) plus Umsatzsteuer.
    Hier wurden vereinfachend 15 Prozent unterstellt.
7. Auszahlungen für alle übrigen liquiditätsrelevanten Kosten   – 5.578 DM
    Wert aus dem Kostenplan (4.850 DM) plus Umsatzsteuer
    (15 Prozent).
8. Auszahlung Investition Ofen   0 DM
    Im Februar nicht mehr relevant.
9. Auszahlung für alle übrigen Investitionen   – 16.100 DM
    Wert aus Investitionsplan (14.000 DM) plus Umsatzsteuer
    (15 Prozent)
10. Auszahlung für Erstausstattung Lager   0 DM
    Im Februar nicht mehr relevant.
11. Tilgung Bankkredit   0 DM
    Wird nur im Dezember fällig (vgl. Finanzplan).
12. Saldo Umsatzsteuer   + 5.876 DM
    Der Wert entspricht Zeile 17 des Vormonats (= Januar).
    Den hohen Ausgaben für Investitionen, Personal und Material
    standen noch keine Umsätze entgegen. Daher hat Marcello
    im Januar ein Umsatzsteuerguthaben aufgebaut. Dieses wird
    ihm vom Finanzamt im Februar ausbezahlt.
13. Saldo Ein-/Auszahlungen   – 23.447 DM
    Dieser Wert ergibt sich als Summe der Zeilen 2 bis 12.
    Marcello hat daher im Februar mehr Geld ausgegeben,
    als er eingenommen hat.
14. Endbestand lfd. Monat   + 6.061 DM
    Dieser Wert ist die Summe der Spalten 1 und 13. Er wird
    in den Folgemonat in Spalte 1 als Anfangsbestand übertragen.
15. Summe aller umsatzsteuerrelevanten Einnahmen   + 9.898 DM
    Dieser Wert ist die Summe der Zeilen 2 und 3.
16. Summe aller umsatzsteuerrelevanten Ausgaben   – 23.915 DM
    Dieser Wert ist die Summe der Zeilen 6, 7, 9 und 10.
17. Saldo Umsatzsteuer   + 1.828 DM
    Der Wert ergibt sich aus der Summe der Spalten 15 und 16
    (= – 14.017 DM) multipliziert mit 15 Prozent Umsatzsteuer.
    Eine Zahl größer Null wird Marcello im nächsten Monat
    vom Finanzamt erstattet. Beträge kleiner Null muß Marcello
    im Folgemonat an das Finanzamt bezahlen.

Variante 2: Liquiditätsplan „Marcello's Magic Pizza Service"

	USt-relevant	ZNr.	Jan	Feb	Mrz	Apr	Mai	Jun	Jul	Aug	Sep	Okt	Nov	Dez	Saldo-vortrag
Anfangsbestand	nein	1	58.300	29.508	1.112	– 5.809	– 3.774	599	10.181	20.361	26.532	22.852	32.184	42.647	48.278
Einzahlungen															
aus Umsatz lfd. Monat	ja	2	0	4.949	10.999	12.653	17.049	16.503	17.054	4.950	16.504	17.053	16.501	10.997	
aus Umsatz Vormonat	ja	3	0	0	4.949	10.999	12.653	17.049	16.503	17.054	4.950	16.504	17.053	16.501	10.997
Gutschrift Bankkredit	nein	4	40.000												
Auszahlungen															
für Personal	nein	5	-8.740	-9.430	-10.120	-10.810	-11.500	-11.500	-11.500	-9.430	-11.500	-11.500	-11.500	-10.810	
für Nahrungsmittel, Getränke	ja	6	-2.473	-2.238	-4.986	-5.782	-9.747	-7.524	-7.795	-2.253	-9.552	-7.780	-7.510	-4.957	
alle übrigen liquiditätsrelev. Kosten	ja	7	-7.205	-5.578	-4.313	-5.026	-4.083	-4.945	-4.083	-4.152	-4.083	-4.945	-4.083	-4.600	
für Investition Ofen	nein	8	-15.000												
für alle übrigen Investitionen	ja	9	-24.750	-16.100	-3.450										
für Erstausstattung Lager	ja	10	-10.625												
Tilgung Bankkredit	nein	11												-1.500	
Saldo Umsatzsteuer (vgl. Nebenrechnung)	nein	12	0	5.876	2.474	-417	-1.675	-2.070	-2.750	-2.828	-2.035	-1.020	-2.717	-2.865	
Saldo Einzahlungen/Auszahlungen		13	-28.792	-28.396	-6.920	2.035	4.373	9.583	10.180	6.170	-3.680	9.332	10.463	5.632	
Endbestand lfd. Monat		14	29.508	1.112	-5.809	-3.774	599	10.181	20.361	26.532	22.852	32.184	42.647	48.278	

Achtung! Höhere Liquiditätsreserve notwendig

	USt-relevant	ZNr.	Jan	Feb	Mrz	Apr	Mai	Jun	Jul	Aug	Sep	Okt	Nov	Dez	Saldo-vortrag
Nebenrechnung Umsatzsteuer:															
Summe aller USt-relev. Einnahmen		15	0	4.949	15.948	23.652	29.703	33.552	33.557	22.005	21.454	33.557	33.555	27.498	
Summe aller USt-relev. Ausgaben		16	-45.052	-23.915	-12.749	-10.808	-13.830	-12.469	-11.877	-6.404	-13.634	-12.725	-11.592	-9.557	
Saldo USt (ZNr. 12) => Übertrag in Folgemonat falls kleiner Null DM = Guthaben; falls größer Null DM = an Finanzamt abzuführen		17	5.876	2.474	-417	-1.675	-2.070	-2.750	-2.828	-2.035	-1.020	-2.717	-2.865	-2.340	

Kostenrechnung für Existenzgründer

4

1. Grundsätze der Finanzbuchhaltung

Als Existenzgründer werden Sie bei der Planung eine Reihe von Werten und Parametern nur als grobe Schätzungen angeben können. Um so wichtiger ist es, den in der Planung getroffenen Annahmen im Laufe der Geschäftstätigkeit die tatsächlich realisierten Werte gegenüberzustellen. Nur durch den Vergleich lassen sich kritische Entwicklungen in den verschiedenen Unternehmensbereichen erkennen und wirksam bekämpfen.

Ein wesentliches Hilfsmittel zur Erfassung der Unternehmenswirklichkeit ist die Kostenrechnung, die alle dem eigentlichen Betriebszweck dienenden Vorgänge innerhalb Ihres Unternehmens zahlenmäßig abbildet. Durch die Gegenüberstellung von Kosten und Leistungen Ihrer Geschäftstätigkeit ermittelt die Kostenrechnung den durch Produktion und anschließenden Verkauf der Produkte erwirtschafteten (Unternehmens-)Erfolg innerhalb eines bestimmten Zeitraumes. Die Abrechnungsperioden sollten dabei zwecks Vergleichbarkeit mit den in der Planung gewählten Zeiträumen übereinstimmen. In aller Regel werden Sie Monats-, Quartals- bzw. Jahreszeiträume erfassen.

Finanzbuchhaltung und Kostenrechnung bilden zusammen das betriebliche Rechnungswesen. Im Gegensatz zur gesetzlich vorgeschriebenen Finanzbuchhaltung können Sie Ihr Kostenrechnungssystem grundsätzlich frei gestalten. Es empfiehlt sich aber, die Grundprinzipien der Finanzbuchhaltung auch in die Kostenrechnung einfließen zu lassen.

Definition: Finanzbuchhaltung

Die Finanzbuchhaltung dient der vollständigen Erfassung aller Geschäftsvorfälle, sowie deren Ordnung und Dokumentation. Im sogenannten Grundbuch (Journal) werden die Geschäftsvorfälle chronologisch in Form von Buchungen erfaßt. Im Hauptbuch werden sie dann nach systematischen Gesichtspunkten geordnet.

Belegprinzip

Die Basis einer jeden Buchung ist der Buchungsbeleg. Er begründet die Aufzeichnung, dient zur Beweissicherung und ist die Verbindung zwischen dem zugrundeliegenden Geschäftsvorfall und seiner Verarbeitung (Verbuchung) im Grund- und Hauptbuch.

Inventar und Inventur

Um jedoch einen Überblick über die wirtschaftliche Lage Ihres Unternehmens zu erhalten, reicht die lückenlose Aufzeichnung nicht aus. Es ist darüber hinaus noch eine planvolle und systematische Aufstellung des Betriebsvermögens vorzunehmen. Die Aufstellung wird Inventar genannt. Unter Inventur versteht man die körperliche Bestandsaufnahme der Vermögensgegenstände zu einem bestimmten Stichtag.

Geschäftsjahr

Die Abrechnungsperiode darf nach gesetzlichen Vorschriften nicht länger als zwölf Monate sein, wohl aber kürzer. Da das Geschäftsjahr und das Kalenderjahr meist übereinstimmen, spricht man vom Kalendergeschäftsjahr. Entspricht das Geschäftsjahr nicht dem Kalenderjahr, ist vom abweichenden Geschäftsjahr die Rede.

Grundsätze ordnungsgemäßer Buchführung

Die Finanzbuchhaltung als Spiegelbild des betrieblichen Geschehens kann nur dann ihrer Aufgabe als Informationslieferant gerecht werden, wenn sie willkürfrei und nachprüfbar ist. Aus diesem Grund hat der Gesetzgeber Rechnungslegungsnormen festgelegt. Die einzelnen Gesetze (Handelsgesetzbuch [HGB], Abgabenordnung [AO] und das Einkommensteuergesetz [EStG] legen zunächst die allgemeine Buchführungspflicht für alle Unternehmer fest (§ 238 HHGB). Dabei sind die nach dem

Handelsrecht zu führenden Bücher auch für die Besteuerung maßgeblich (§ 140 AO).

Die Rechnungslegung hat unter der Berücksichtigung der Grundsätze ordnungsgemäßer Buchführung zu erfolgen (§ 238 Abs. 1 HGB).

Wesentliche Grundsätze

- Es gilt das Belegprinzip: keine Buchung ohne Beleg

- Die Belege sind fortlaufend zu numerieren und entsprechend abzulegen.

- Korrekturen müssen nachvollziehbar sein: kein Überschreiben

- Grundsatz der Vollständigkeit: Alle Vorfälle sind zu verbuchen, fiktive sind nicht zulässig.

- Grundsatz der Richtigkeit: Alle Vorfälle sind betragsmäßig richtig und zeitgenau zu verbuchen.

- Grundsatz der Klarheit: Die Konten sind ausreichend aufzugliedern und richtig zu benennen.

- Grundsatz der Kontinuität: Für aufeinander folgende Geschäftsjahre müssen dieselben Erfassungs- und Bewertungsmethoden verwendet werden.

Kontenrahmen

Konten dienen der Aufnahme und wertmäßigen Erfassung der Geschäftsvorfälle. Die Ordnung bzw. Gliederung der vielfältigen Konten eines Unternehmens erfolgt nach einem Kontenplan. Im Laufe der Zeit haben sich verschiedene Standard-Kontenpläne herausgebildet. Diese sogenannten Kontenrahmen klassifizieren die Konten nach definierten Gliederungsgrundsätzen.

- Der Gemeinschaftskontenrahmen der Industrie (GKR) wurde 1948/49 vom „Arbeitsausschuß Betriebswirtschaft indu-

strieller Verbände" im Bundesverband der Deutschen Industrie e. V. (BDI) erarbeitet und allen Industrieunternehmen
als Kontenrahmen nahegelegt.

- Der Industriekontenrahmen (IKR), der 1971 vom Betriebs-
wirtschaftlichen Ausschuß des Bundesverbandes der Deutschen Industrie veröffentlicht wurde, sollte den bereits exi-
stierenden GKR ablösen. Änderungen im Vergleich zum
GKR ergaben sich insbesondere durch das am 01. 01. 1986
in Kraft getretene HGB.

- DATEV-Kontenrahmen sind auf die spezifischen Bedürfnis-
se der EDV-orientierten Buchhaltung zugeschnittene Kon-
ten-Gliederungen. DATEV (Datenverarbeitungsorganisation
des steuerberatenden Berufes in der Bundesrepublik Deutschland) ist ein genossenschaftlich organisiertes Dienstleistungs-
unternehmen.

  Diese Kontenrahmen finden bei jenen Kaufleuten Anwendung, die ihre Buchhaltung bei ihrem Steuerberater auf
Basis des DATEV-Finanzbuchführungsprogramms mittels
einer elektronischen Datenverarbeitungsanlage über DA-
TEV verarbeiten lassen. Entscheidender Vorteil ist, daß die
DATEV-Kontenrahmen so aufgebaut sind, daß sie in fast
allen Unternehmen zum Einsatz gelangen können.

- Die Spezialkontenrahmen SKR 03 und SKR 04 sind in den
meisten auf dem Markt erhältlichen Buchführungsprogram-
men enthalten. Sie berücksichtigen das Bilanzrichtlinienge-
setz und bilden daher einen gewissen Standard.

Jahresabschluß

Die zahlenmäßige Entwicklung eines Geschäftsjahres wird in
Form des Jahresabschlusses wiedergegeben. Er besteht regel-
mäßig aus der Bilanz und der Gewinn- und Verlustrechnung.
Für Kleinunternehmer ist auch ein verkürzter Jahresabschluß in
Form einer Einnahmen- und Ausgabenrechnung möglich.

Kosten und Leistungen, Aufwand und Ertrag

Nach dem kurzen Einblick in die Grundsätze der Finanzbuchhaltung gilt es nun, die wichtigsten Begriffe der Kostenrechnung zu erläutern und Sie von anderen Begriffen des betrieblichen Rechnungswesens abzugrenzen.

- Kosten geben den wertmäßigen Güterverzehr zur Erstellung der betrieblichen Leistungen wieder.

- Leistungen sind dementsprechend der Wert aller im Rahmen der betrieblichen Tätigkeit erbrachten Güter und Dienste einer Periode.

- Als Aufwand bezeichnet man den Wert aller verbrauchten Güter und Dienste.

- Unter Ertrag wird der Wert aller erbrachten Güter und Dienste verstanden.

Anhand dieser gängigen Definitionen vermag man zunächst kaum einen Unterschied zwischen Aufwand und Kosten bzw. Ertrag und Leistungen erkennen. Folgende Grafik veranschaulicht die Abgrenzung:

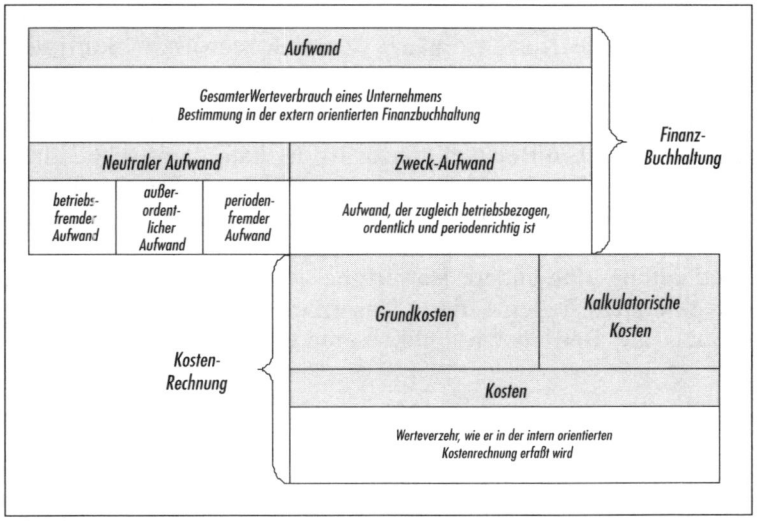

Um vom Aufwand der Finanzbuchhaltung zu den Kosten zu gelangen, muß dieser um betriebsfremde, außerordentliche und periodenfremde Anteile korrigiert werden. Zudem sind kalkulatorische Kosten zu bestimmen. Die Rechensystematik zeigt folgende Übersicht:

AUFWAND der Periode	Beispiel
./. Neutraler Aufwand	
• Betriebsfremder Aufwand	Spenden
• Außerordentlicher Aufwand	Feuerschäden
• Periodenfremder Aufwand	Steuer-Nachzahlung
+ Zusatzkosten	Kalkulatorischer Unternehmerlohn
+ ./. Anderskosten	
= **Kosten der Periode**	

Die Finanzbuchhaltung ist per Gesetz verpflichtet, alle Aufwendungen zu erfassen – auch diejenigen, die nicht dem eigentlichen Betriebszweck dienen. Gegenstand der Kostenrechnung ist aber die ausschließliche Abbildung betrieblicher Geschäftsvorfälle. Zur Abbildung der tatsächlichen betrieblichen

Wirklichkeit muß der verbleibende Zweckaufwand noch um kalkulatorische Kosten ergänzt (Zusatzkosten) bzw. korrigiert (Anderskosten) werden.

Zusatzkosten sind demnach Kosten, denen kein Aufwand gegenübersteht. Ein Beispiel hierfür ist der kalkulatorische Unternehmerlohn. Damit erfaßt man das (fiktive) Entgelt für die leitende Tätigkeit der Unternehmer, die ohne feste Entlohnung sind. Bei den Anderskosten nimmt man gegenüber der Finanzbuchhaltung eine andere Bewertung des Werteverzehrs vor, da der gesetzlich reglementierte Ansatz in der Finanzbuchhaltung oftmals die Betriebswirklichkeit nur unzureichend widerspiegelt.

Kostenarten und ihre Abgrenzung

In bezug auf die Verrechnungsform der Kosten auf die Kostenträger werden die Gesamtkosten eines Unternehmens in Einzel- und Gemeinkosten unterschieden. Unter Kostenträgern versteht man typischerweise die Absatzleistungen – also die Produkte eines Unternehmens. Ein Produkt sollte alle Kosten tragen können, die von ihm verursacht werden.

Einzelkosten

Einzelkosten sind Kosten, die sich einem Kostenträger direkt zuordnen lassen. Sie werden auch als direkte Kosten oder Kostenträgereinzelkosten bezeichnet. In der betrieblichen Praxis finden sich verschiedene Kategorien solcher Kosten wieder.

- Fertigungsmaterialkosten: Kosten der Rohstoffe, die in das Produkt eingehen. Die Erfassung erfolgt mit Hilfe von Materialentnahmescheinen. Im Falle von „Marcello's Magic Pizza Service" wären dies beispielsweise die Kosten für Mehl, Hefe, Eier usw.

- Fertigungslohnkosten: Im allgemeinen Lohnkosten, die bei der Erzeugniserstellung anfallen und dem unmittelbaren

Arbeitsfortschritt eines Produktes dienen; Erfassung durch Lohn- bzw. Stundenzettel. Bei Marcello wäre dies beispielsweise das Arbeitsentgelt des Pizzabäckers.

- Sondereinzelkosten der Fertigung bzw. des Vertriebs: Es handelt sich hierbei um Kosten, die zwar nicht den einzelnen Erzeugnissen, aber vielmehr den einzelnen Kunden-Aufträgen zuzuordnen sind; Erfassung durch Beleg mit Hinweis auf den jeweiligen Kostenträger. Sondereinzelkosten des Vertriebs wären beispielsweise Lizenzgebühren oder Verkaufsprovisionen.

Gemeinkosten

Im Gegensatz zu den Einzelkosten fallen diese Kosten für verschiedene Erzeugnisse gemeinsam an, weshalb sie keinem Kostenträger direkt belastet werden können. Die Gemeinkosten werden deshalb auch als indirekte Kosten oder Kostenträgergemeinkosten bezeichnet. Sie werden zunächst in den Kostenstellen erfaßt, bevor sie den Kostenträgern zugerechnet werden können.

Relativiert man die Aussage, daß Gemeinkosten nicht unmittelbar den Kostenträgern zugerechnet werden können (was der häufigere Fall ist), so impliziert dies eine weitere Unterscheidung, die in der Praxis vorgenommen wird. Die Gemeinkosten werden demnach in echte und unechte Gemeinkosten unterteilt:

- Echte Gemeinkosten können nur indirekt (wie bisher beschrieben) dem Kostenträger zugerechnet werden.

- Unechte Gemeinkosten können hingegen dem Kostenträger direkt zugeordnet werden; aus Vereinfachungsgründen wird jedoch darauf verzichtet – regelmäßig dann, wenn es sich um geringwertige Materialien oder Hilfsstoffe handelt (z. B. Fett für das Backblech). Der Aufwand ihrer genauen Erfassung und Zuordnung würde in keinem Verhältnis zum damit erlangten Nutzen stehen.

Einzelne Kosten wachsen bzw. sinken in Abhängigkeit von der Beschäftigung des Unternehmens. Wobei mit Beschäftigung hier nicht die Zahl von Mitarbeitern gemeint ist, sondern die tatsächliche Nutzung des Leistungsvermögens – etwa Ausbringungsmenge oder Arbeitsstunden des Betriebs.

In Abhängigkeit von der Beschäftigung unterscheidet die Kostenrechnung in fixe und variable Kosten:

Fixe Kosten

Merkmal der fixen Kosten ist, daß sie sich nicht mit dem Beschäftigungsgrad verändern, sondern rein zeitabhängig anfallen.

Beispiel:

Gehälter, Raummieten und Abschreibungen

Fixe Kosten sind immer Gemeinkosten. Der Umkehrschluß trifft indes nicht immer zu, da es auch Gemeinkosten gibt, die sich in Abhängigkeit der Beschäftigung verändern.

Beispiel:

Kosten für Hilfs- und Betriebsstoffe (Schmiermittel, unterstützende Chemikalien)

Nach dem Verlauf der Kosten lassen sich absolut fixe Kosten und sprungfixe Kosten unterscheiden. Absolut fixe Kosten bleiben in der betrachteten Periode immer gleich. Fixkosten weisen Sprünge auf, sobald bei Überschreitung einer bestimmten Beschäftigungsgrenze Erweiterungsinvestitionen notwendig werden, z. B. daß die höhere Beschäftigung nur mit einer zusätzlichen Maschine erreicht werden kann.

Variable Kosten

Variable Kosten verändern sich unmittelbar mit dem Beschäftigungsgrad.

Beispiel:

Fertigungsmaterialkosten, Stücklöhne und stückzahlabhängige Lager- und Vertriebskosten.

Variable Kosten können sowohl Einzel- als auch Gemeinkosten (meist unechte Gemeinkosten) sein. Sie werden demnach der abgesetzten Leistung (Kostenträger) direkt oder indirekt zugerechnet.

Im Hinblick auf die Entwicklung der variablen Kosten unterscheidet man in proportionale (auch lineare), progressive bzw. degressive Kosten:

- Proportionale Kosten entwickeln sich im gleichen Verhältnis wie die Beschäftigung; d. h. steigt die Beschäftigung um beispielsweise 20 Prozent, wachsen auch die proportionalen Kosten um 20 Prozent innerhalb des gleichen Zeitraums.

- Progressive Kosten wachsen schneller als die Beschäftigung – z. B. um 30 Prozent bei 20prozentigem Beschäftigungszuwachs.

- Degressive Kosten wachsen letztlich langsamer als die Beschäftigung.

Fixe und variable Kosten ergeben zusammen wiederum die Gesamtkosten.

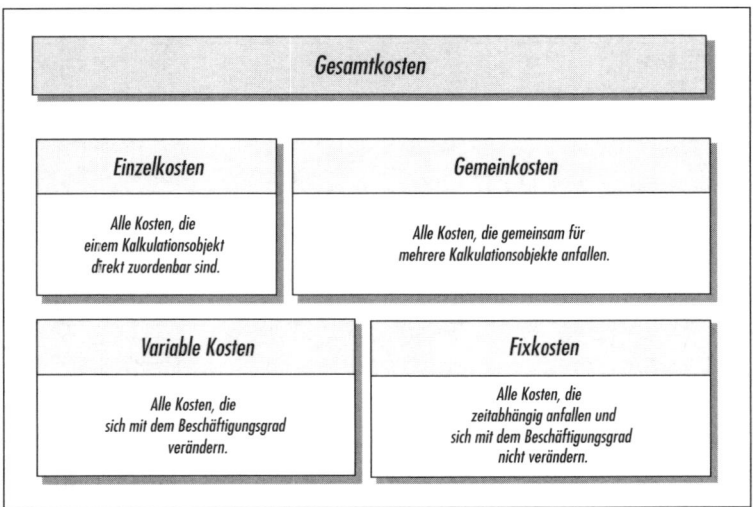

Mischkosten

In der betrieblichen Praxis gibt es mehrere Kostenarten, die weder in fixe noch in variable Kosten unterteilt werden können. Solche Kosten, die aus fixen und variablen Bestandteilen bestehen, werden Mischkosten genannt. Typische Kosten dieser Art sind Wartungs- und Instandhaltungskosten sowie viele Betriebsstoffkosten.

Die Schwierigkeit bei den Mischkosten besteht in deren Auflösung in die fixen und variablen Anteile. Hierzu sind mehrere Verfahren entwickelt worden: Die buchtechnische-statistische Methode, die graphische Methode und die Methode der kleinsten Quadrate.

Exemplarisch soll hier die graphische Methode kurz erläutert werden: Bei diesem Verfahren wird zunächst ein linearer (= proportionaler) Verlauf der Kostenkurve vorausgesetzt. Die Kosten und die damit zusammenhängende Beschäftigung werden – jeweils monatlich kumuliert – über ein Jahr hinweg festgehalten. Sie werden in ein Koordinatensystem eingetragen und freihändig durch eine Gerade verbunden. Aus dem Geradenschnittpunkt mit der Kostenachse ergeben sich die fixen Kosten pro Monat. Der verbleibende Rest stellt die kumulierten variablen Kosten dar:

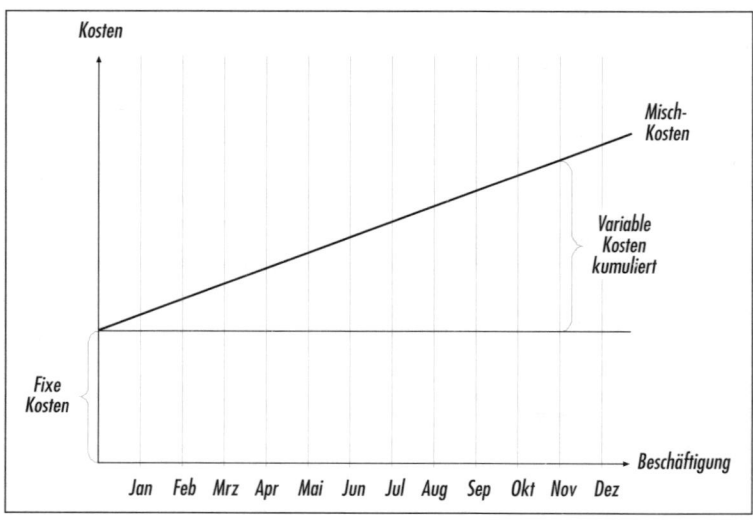

Weitere Formen der Kostenabgrenzung

Neben den oben ausführlich behandelten Abgrenzungen besteht noch eine Vielzahl weiterer, weniger wichtiger Unterscheidungsmöglichkeiten. Sie sollen an dieser Stelle nur kurz angesprochen werden.

- Produktionsfaktorbezogene Kosten: Personalkosten, Materialkosten, Betriebsmittelkosten, Dienstleistungskosten, öffentliche Abgaben und kalkulatorische Kosten.

- Funktionsbezogene Kosten: Beschaffungskosten, Fertigungskosten, Vertriebskosten und Verwaltungskosten.

- Herkunftsbezogene Kosten: Primäre Kosten (z. B. Materialkosten und Personalkosten) und Sekundäre Kosten (z. B. Raumkosten oder Kosten für selbst durchgeführte Reparaturen).

- Zeitbezogene Kosten: Ist-Kosten (effektive oder tatsächliche Kosten), Normalkosten (aus den Ist-Kosten der vorangegangenen Perioden errechnete Kosten) und Plan-Kosten (im voraus methodisch berechnete Kosten).

- Umfangsbezogene Kosten: Vollkosten (bestehend aus fixen und variablen Kostenanteilen) und Teilkosten (bestehen nur aus variablen Kosten).

Mit dem ersten Abschnitt wurden die Grundlagen der Kostenrechnung geschaffen. Kernpunkt hierbei waren die wichtigsten Abgrenzungsformen der Kosten. In den nachfolgenden Abschnitten sollen nun die drei Teilgebiete der Kostenrechnung erläutert werden:

- Um einen Überblick über die im Unternehmen anfallenden Kosten zu erhalten, ist zunächst ihre systematische Erfassung und Gliederung notwendig. Dies geschieht im Rahmen der Kostenartenrechnung. Sie beantwortet damit die Frage, *welche* Kosten in Ihrem Unternehmen angefallen sind.

- Anschließend stellt sich die Frage, *wo* die Kosten angefallen sind. Die entsprechenden Orte werden Kostenstellen genannt. Das zugehörige Rechenwerk wird dementsprechend als Kostenstellenrechnung bezeichnet.

- Zuletzt gilt es noch die Frage zu beantworten, *wofür* die Kosten angefallen sind. Dies leistet die Kostenträgerrechnung. Den Kostenträgern – typischerweise den Produkten Ihres Unternehmens – werden hierbei nach Möglichkeit alle Kosten zugerechnet, die von ihnen verursacht werden.

2. Kostenartenrechnung

Die Kostenartenrechnung bildet die erste Stufe eines Kostenrechnungssystems und die Grundlage für die nachfolgenden Teilrechnungen – die Kostenstellenrechnung und die Kostenträgerrechnung. Sie hilft dem Existenzgründer dabei, die Frage zu beantworten, welche Kosten angefallen sind.

Aufgaben der Kostenartenrechnung

- Erfassung aller Kosten des Betriebes

- Identifizierung der entsprechenden Kostenarten

- Ermittlung der Kostenbeträge aller Kostenarten

- Information über die Zusammensetzung der Kosten

- Gliederung nach der Zurechenbarkeit der Kosten in Einzel-, Gemein- und Sondereinzelkosten

- Aufteilung der Kosten nach ihrer Abhängigkeit von der Beschäftigung in fixe und variable Kosten

---

Datenquellen

Die für die Kostenrechnung erforderlichen Daten werden aus der Finanzbuchhaltung bzw. aus den ihr vorgelagerten sogenannten Nebenbuchhaltungen, z. B. Lohn- und Gehaltsbuchhaltung, Lagerbuchhaltung oder Anlagenbuchhaltung übernommen.

Die Lohn- und Gehaltsbuchhaltung befaßt sich mit allen Problemen der Lohn- und Gehaltsabrechnung. Die Lagerbuchhaltung erfaßt rechnerisch alle Lagerbewegungen. In der Anlagen-buchhaltung werden schließlich alle Betriebsmittel eines Unternehmens und deren Abschreibungen abgebildet.

In der Kostenartenrechnung werden sogenannte primäre Kosten erfaßt, die sowohl Einzel- als auch Gemeinkosten sein können. Sie werden produktionsfaktorbezogen gegliedert in Materialkosten, Personalkosten, Dienstleistungskosten, öffentliche Abgaben und kalkulatorische Kosten.

Materialkosten

Die anfallenden Materialkosten werden wie folgt unterteilt:

- Rohstoffe (Rohstoffkosten): Sie gehen als Hauptbestandteil unmittelbar in die Produkte ein. Wegen der direkten Zurechenbarkeit handelt es sich hierbei typischerweise um Einzelkosten.

  Bei einem Möbelhersteller würden hierunter beispielsweise Holz und (große) Glas-Teile fallen. Rohstoffe aus Marcellos Sicht wären Mehl, Tomaten und Mozzarella – die Grundlage jeder Pizza.

- Hilfsstoffe (Hilfsstoffkosten): Sie gehen zwar auch in die Erzeugnisse ein, erfüllen aber nur eine untergeordnete Rolle bei der Herstellung. Aus diesem Grunde werden sie auch zweckmäßigerweise als (echte und unechte) Gemeinkosten erfaßt.

  Im Falle des Möbelherstellers zählen hierzu Beschläge, Schrauben, Dübel usw. Bei Marcello würden sämtliche Gewürze, Öl, Hefe usw. zu den Hilfsstoffen gehören.

- Betriebsstoffe (Betriebsstoffkosten): Sie gehen nicht in die Fertigung ein, sondern werden nur unmittelbar oder mittelbar bei der Erzeugung verbraucht. Die Erfassung erfolgt ausschließlich als Gemeinkosten.

  Bei der Möbelherstellung können beispielsweise Schmierfette der Maschinen, Schleifscheiben, Bohrer usw. genannt werden. Marcello benötigt Holz zur Befeuerung seines Ofens oder Wasser zur Reinigung seiner Gefäße.

Die ersten beiden Materialkostenarten werden auch als Kostenträgereinzelkosten bezeichnet, Betriebsstoffe sind demgegenüber Kostenträgergemeinkosten.

Materialkosten erfassen Sie in zwei Schritten: Zuerst müssen
Sie die Verbrauchsmengen ermitteln. Diese sind anschließend
zu bewerten. Die Materialkosten ergeben sich aus dem Produkt
von Verbrauchsmenge und Kostenwert.

Wichtig:

Zur Ermittlung von Verbrauchsmengen können verschiedene
Verfahren angewandt werden – die Skontraktions-, die Inven-
tur- und die Retrograde Methode.

Skontraktionsmethode

Die Skontraktionsmethode, die auch als Fortschreibungsmetho-
de bezeichnet wird, stellt das genaueste Verfahren zur Ver-
brauchsmengenermittlung dar. Sie setzt das Führen einer Lagerbuchhaltung voraus. Eine Lagerkartei, die in der Lagerbuchhaltung geführt wird, gibt Aufschluß darüber, wieviel Zugänge
und Abgänge zu verzeichnen sind. Die Zugänge werden per
Lieferschein, die Abgänge per Materialentnahmeschein erfaßt.

Mit dieser Methode lassen sich zwei Vorteile verbinden. So
kann zum Beispiel genau bestimmt werden, wie hoch der Lagerschwund ist. Darüber hinaus kann die Lagerbuchhaltung
auch als Grundlage für eine sogenannte permanente Inventur
genutzt werden. Der Genauigkeit dieses Verfahrens steht als
einziger Nachteil der hohe Aufwand der Lagerkartei-Führung
gegenüber.

Inventurmethode

Die Inventurmethode versucht gegenüber der Skontraktionsmethode den Nachteil der aufwendigen Erfassung auszugleichen,
indem eine Bestandserfassung zu einem bestimmten Zeitpunkt
vorgenommen wird. Der Verbrauch wird als Differenz von Anfangsbestand und Endbestand, addiert zu den Zugängen, er-

rechnet. Die Inventurmethode wird deshalb auch als Bestands-differenzrechnung bezeichnet.

Der Vorteil hierbei ist, daß keine Materialentnahmescheine aus-zufüllen sind und keine Kartei geführt werden muß. Nachteilig ist, daß der Lagerschwund nicht entdeckt und abgestellt werden kann. Desweiteren kann keine Zurechnung auf die einzelnen Kostenträger oder Kostenstellen erfolgen. Außerdem ist diese Methode für Unternehmen, die mehrere Produkte erzeugen, nicht geeignet.

Retrograde Methode

Die Retrograde Methode rechnet von einem bestimmten gefer-tigten Produkt zurück, welche Rohstoffe bei der Herstellung verbraucht wurden. Als Grundlage können hier Stücklisten her-angezogen werden. Der Verbrauch errechnet sich aus der her-gestellten Stückzahl multipliziert mit der gemäß Stückliste be-stimmten Verbrauchsmenge pro gefertigtem Stück.

Zentrale Nachteile sind einerseits die große Ungenauigkeit, an-dererseits werden auch hier keine Bestandsminderungen be-rücksichtigt. Das Verfahren ist folglich nur bei sehr einfach strukturierten Produkten einsetzbar.

Praxis-Tip:

Für Sie als Existenzgründer empfiehlt sich, die aufwendige Skontraktionsmethode lediglich für die wichtigen Rohstoffe einzusetzen. Für Hilfs- und Betriebsstoffe reicht die Inven-turmethode aus.

Betrachten Sie nun die Bewertung der festgestellten Ver-brauchsmengen: Es müssen die verbrauchten Mengen mit Prei-sen bewertet werden. Hierzu werden gleichfalls mehrere Me-thoden unterschieden: Anschaffungswert-, Wiederbeschaffungs-wert-, Tageswert- und Verrechnungswert-Methode.

Anschaffungswert-Methode

Unter dem Begriff Anschaffungswert versteht man den zum Zeitpunkt der Materialbeschaffung bezahlten Preis. Die Bewertung der ermittelten Verbrauchsmengen erfolgt mittels Durchschnittsbildung. Dabei werden zwei Verfahren unterschieden:

- Die permanente Durchschnittsbewertung errechnet grundsätzlich nach jedem Zugang den Durchschnittspreis. Aufgrund des hiermit verbundenen enormen Aufwands kommt in der Praxis nahezu ausschließlich die periodische Durchschnittsbewertung zum Einsatz.

- Bei der periodischen Durchschnittsbewertung werden vier Varianten unterschieden, die in diesem Zusammenhang nur kurz skizziert werden:

  - Das Lifo-Verfahren (Last in – first out) geht davon aus, daß die zuletzt beschafften Güter als erste wieder verbraucht werden. Hierbei werden zwei Untergliederungen vorgenommen. Das permanente Lifo, bei dem der Verbrauch fortlaufend während eines Jahres bewertet wird und das Perioden-Lifo, bei dem nur der Endbestand mit dem Anfangsbestand mengenmäßig verglichen wird.

  - Das Fifo-Verfahren (First in – first out) geht von der Annahme aus, daß die zuerst gekauften Güter auch zuerst wieder verbraucht werden. Dadurch wird die Handhabung sehr vereinfacht.

  - Das Hifo-Verfahren (Highest in – first out) nimmt an, daß die teuersten Güter zuerst verbraucht werden. Auch hier wird zwischen permanentem Hifo und Perioden-Hifo unterschieden.

  - Das Lofo-Verfahren (Lowest in – first out) nimmt an, daß die billigsten Güter zuerst verbraucht werden.

In der Praxis kommt überwiegend das Fifo-Verfahren als pragmatischste Methode zum Einsatz. Es ist sowohl von der Steuer- als auch von der Handelsgesetzgebung anerkannt.

Beispiel:

		Menge (Stück)	Preis je Stück (DM)	Wert (DM)
Anfangsbestand	01.01.	150	5,00	750,00
Zugang	15.03.	50	7,00	350,00
Zugang	28.07.	70	6,00	420,00
Zugang	16.09.	40	7,00	280,00
Summe		310		1800,00
Endbestand lt. Inventur	31.12.	130		840,00
Verbrauch		180		960,00

Erläuterungen:

Für das Fifo-Verfahren ist demnach Voraussetzung, daß zumindest alle Zugänge fortlaufend aufgezeichnet werden. Der Endbestandswert wird dann durch Rückrechnung ausgehend von der letzten Eingangsrechnung ermittelt: Gemäß obigem Beispiel beinhaltet der Endbestand 40 Stück á DM 7,– zuzüglich 70 Stück á DM 6,– zuzüglich 20 der 50 Stück vom 15.03. á DM 7,–. Damit ergibt sich ein Endbestandswert von DM 840,–.

Der Verbrauchswert errechnet sich schließlich durch Differenzbildung aus der Jahressumme abzüglich Endbestandswert.

Wiederbeschaffungswert-Methode

Mit dem Ansatz des Wiederbeschaffungswertes wird die Substanz Ihres Unternehmens erhalten, indem dieser Wert (zu dem das Gut wieder zu beschaffen wäre) in der Kostenrechnung angesetzt wird. Es ist allerdings schwer abschätzbar, weshalb dieser Methode in der Praxis keine große Bedeutung zukommt.

Tageswert-Methode

Die Tageswert-Bewertung umgeht die Schwierigkeit, den Wiederbeschaffungswert zu bestimmen und zieht den Tageswert zur Bewertung heran. Der Tageswert kann sich auf den Tag des Angebotes, der Lagerentnahme, des Verkaufs oder des Zahlungseinganges beziehen.

Verrechnungswert-Methode

Der Bewertung zum Verrechnungswert eines Gutes kommt in der Praxis bei der innerbetrieblichen Leistungsverrechnung, bei der Abrechnung von Kuppelprodukten und der Abrechnung zwischen Konzernunternehmen eine besondere Bedeutung zu. Er definiert sich an einem über einen längeren Zeitraum festgelegten Wert, der auch künftige Preiserwartungen berücksichtigt. Dieser Wert wird nach unternehmensspezifischen Gesichtspunkten gebildet und nur in der Betriebsbuchhaltung verwendet.

Personalkosten

Durch den Einsatz menschlicher Arbeitsleistung entstehen Personalkosten, die sich in Löhne, Gehälter, Sozialkosten und sonstige Personalkosten einteilen lassen. In der Lohn- und Gehaltsbuchhaltung werden Löhne, Gehälter und Sozialkosten erfaßt. Die Errechnung der Bruttolöhne findet auf Grund der Lohnscheine statt, die alle notwendigen Daten enthalten. Hingegen werden die Bruttogehälter aufgrund der Festlegung in den Personalstammdaten ermittelt. Jeder Mitarbeiter hat ein eigenes, für ihn angelegtes Lohn- oder Gehaltskonto, auf dem die Kosten verbucht werden.

● Lohnkosten sind das Entgelt, das ein Mitarbeiter für seine geleistete Arbeit erhält. Die Löhne lassen sich in zwei Klassen einteilen:

– Löhne mit unterschiedlicher Zurechnung enthalten Fertigungslöhne, die Einzelkosten darstellen und auftragsweise erfaßbar sind, sowie Hilfslöhne, die Gemeinkosten darstellen und nicht direkt auf den Kostenträger zurechenbar sind.

– Löhne mit unterschiedlicher Ermittlung: Zeitlohn, Akkordlohn und Prämienlohn.

Unter Zeitlohn versteht man das Zahlen eines gleichen Lohnsatzes pro Zeiteinheit ohne Berücksichtigung der erbrachten Arbeitsleistung.

Beim Akkordlohn wird hingegen nach geleisteter Arbeit entlohnt und kann weiter unterteilt werden. Der Prämienlohn setzt sich aus einem Grundlohn (leistungsunabhängig) und einer Prämie (leistungsabhängig) zusammen.

- Die Gehälter sind Zeitlöhne, die an technische oder kaufmännische Angestellte bezahlt werden. Sie stellen meist Gemeinkosten dar und können demnach nur indirekt verrechnet werden. Ihnen liegt per Definition kein Leistungsbezug zugrunde.

- Einen Teil der Aufwendungen eines Unternehmens für Arbeitnehmer, der über Löhne und Gehälter hinausgeht, bezeichnet man als Sozialkosten. Diese werden in gesetzliche und freiwillige Sozialkosten unterteilt.

  - Auf der Grundlage von Gesetzen und Verordnungen werden Sie als Existenzgründer zu entsprechenden Leistungen verpflichtet. Die gesetzlichen Sozialkosten beinhalten die gesetzliche Unfallversicherung sowie die Arbeitgeberanteile an den Sozialversicherungen (Renten-, Kranken- und Arbeitslosenversicherung).

  - Bei den freiwilligen Sozialkosten handelt es sich um Kosten, die aufgrund von Betriebsvereinbarungen oder anderen betrieblichen Absprachen festgelegt wurden. Zu unterscheiden sind primäre Sozialkosten (Verpflegungserstattungen, Jubiläen) und sekundäre Sozialkosten (Bereitstellung von Sportanlagen oder Kindergärten).

- Unter sonstigen Personalkosten versteht man die Kosten, die meist Veränderungen im Personalbereich zugrunde liegen, wie Anwerbungskosten oder Abfindungskosten.

Zu berücksichtigen ist auch, daß die Erfassung der Personalkosten zu Problemen in bezug auf die Einbindung der Urlaubsabrechnungen führen kann, da diese Personalkosten auf das ganze Jahr verteilt werden müssen. In den typischen Urlaubsmonaten würde ansonsten ein zu geringes Betriebsergebnis bestehen.

Dienstleistungskosten

Dienstleistungskosten fallen regelmäßig an, wenn die Dienste Dritter (Unternehmensfremder) in Anspruch genommen werden.

Dienstleistungskosten	
• Pachtkosten	• Rechtsberatungskosten
• Leasinggebühren	• Steuerberatungskosten
• Frachten	• Prüfungskosten
• Provisionen	• Versicherungskosten
• Mietkosten	• Literaturkosten
• Telefonkosten	• Patentkosten
• Reisekosten	• Werbekosten
• Bewirtungskosten	

Zu den Dienstleistungskosten zählen auch die Instandhaltungskosten oder Inspektions- und Wartungskosten, soweit die Leistung von externen und nicht von internen Stellen erbracht wurde. Energiekosten können sowohl den Dienstleistungskosten als auch den Materialkosten (Betriebskosten) zugerechnet werden.

Achtung:

Die Erfassung der Dienstleistungskosten gestaltet sich vergleichsweise einfach, da die einzelnen Rechnungen der Dienstleister als Beleg vorliegen.

Öffentliche Abgaben

Grundsätzlich könnten die öffentlichen Abgaben auch den Dienstleistungskosten zugerechnet werden. Dies wäre aber nicht formgerecht, da sie zwar von extern eingereicht werden (z. B. Bescheid vom Finanzamt), den Kosten aber keine Leistung im eigentlichen Sinne gegenübersteht.

Unter Öffentliche Abgaben fallen vor allem die verschiedenen Steuerarten, die zur Aufrechterhaltung einer Betriebsbereitschaft dienen oder zur unmittelbaren Leistungsbesteuerung führen – z. B. Gewerbe-, Gewerbeertrag-, Grund-, Kfz- und Verbrauchssteuer. Ebenso fallen hierunter Gebühren oder Beiträge an staatliche Einrichtungen oder Behörden.

Achtung:

Wichtig zu erwähnen wäre, daß die Vermögenssteuer als eine Personensteuer nicht in die Kostenrechnung mits einfließt. Das Gleiche gilt für die Einkommensteuer, die Kirchensteuer und die Körperschaftssteuer, welche ebenfalls Personensteuern darstellen.

Kalkulatorische Kosten

Kalkulatorische Kosten werden regelmäßig dann angesetzt, wenn Unregelmäßigkeiten oder Zufälligkeiten die Kostenrechnung und damit die Abbildung der betrieblichen Wirklichkeit stören würden.

Wie oben bereits erwähnt, werden Zusatz- oder Anderskosten als kalkulatorische Kostenformen unterschieden. Zusatzkosten sind Kosten, denen kein Aufwand gegenübersteht. Die Anderskosten nehmen gegenüber der Finanzbuchhaltung eine abweichende Bewertung des Werteverzehrs vor, da der gesetzlich reglementierte Bewertungsansatz in der Finanzbuchhaltung die Betriebswirklichkeit oftmals nur unzureichend widerspiegelt.

Als kalkulatorische Kosten können Sie folgende Kostenarten ansetzen:

- kalkulatorische Abschreibungen

- kalkulatorische Zinsen

- kalkulatorischer Unternehmerlohn

- kalkulatorische Miete

Der kalkulatorische Unternehmerlohn und die kalkulatorische Miete sind Kosten, denen keine Aufwendungen gegenüberstehen – also Zusatzkosten. Kalkulatorische Abschreibungen und kalkulatorische Zinsen können betragsmäßig größer sein als die Zusatzkosten. Dieser Umstand resultiert aus der Tatsache, daß sich diese kalkulatorischen Kosten sowohl aus Zusatzkosten, als auch aus Grundkosten zusammensetzen können. Die buchhalterische Behandlung ist jedoch für alle kalkulatorischen Kosten gleich.

Kalkulatorische Abschreibungen

Unter dem Begriff der kalkulatorischen Abschreibungen verbirgt sich der Werteverzehr von materiellen und immateriellen Gütern Ihres Anlagevermögens (beispielsweise der PC im Büro, das Telefon oder das Telefaxgerät). Der Werteverzehr der Anlagegüter – und damit deren Abschreibung – beruht im wesentlichen auf technischen Ursachen (Verschleiß) oder auf wirtschaftlichen Ursachen (Veralterung, Preisänderung).

In der Anlagenbuchhaltung werden alle notwendigen Daten eines Gutes auf Inventarkarten festgehalten. Die Anschaffungskosten des Gutes werden in der Bilanz festgehalten und mit der Buchung der „Abschreibung an Anlagegüter" auf die Nutzungsdauer verteilt.

Zunächst gilt es, die bilanziellen und kalkulatorischen Abschreibungen näher zu beleuchten.

- Die bilanziellen Abschreibungen müssen den handelsrechtlichen und steuerrechtlichen Bestimmungen genügen und dienen der nominellen Kapitalerhaltung Ihres Unternehmens, d. h. als Basiswert dienen ausschließlich die Anschaffungs- oder Herstellungskosten eines Gutes. Zu beachten gilt, daß die handelsrechtlichen Bestimmungen vor den steuerrechtlichen Bestimmungen maßgeblich sind.

  Es lassen sich direkte und indirekte bilanzielle Abschreibungen unterscheiden. Bei den direkten Abschreibungen werden die Abschreibebeträge direkt auf das entsprechende Anlagenkonto gebucht. Demgegenüber werden bei der indirekten Abschreibung die Beträge mit Hilfe des Wertberichtigungs-Kontos verbucht.

  Handelsrechtlich hat die Abschreibungsmethode lediglich den bereits erwähnten Grundsätzen ordnungsgemäßer Buchführung zu genügen. In steuerrechtlicher Hinsicht bestehen klare Bestimmungen bezüglich der Zulässigkeit von Abschreibeverfahren. Außerdem sind außerplanmäßige Abschreibungen handelsrechtlich immer, steuerrechtlich nur bei linearer Abschreibung erlaubt. Näheres hierzu regeln die §§ 6 ff. EStG.

• Die kalkulatorischen Abschreibungen sind gesetzlich nicht geregelt. Sie dienen der substanziellen Kapitalerhaltung Ihres Unternehmens. Dazu werden zur Ermittlung der kalkulatorischen Abschreibungen regelmäßig Wiederbeschaffungswerte angesetzt. Ersatzweise findet auch der Tageswert Anwendung, falls der Wiederbeschaffungswert kaum bzw. nur sehr aufwendig bestimmt werden kann.

Die Wahl des Abschreibeverfahrens steht Ihnen frei. Das gängigste Verfahren ist die lineare Abschreibung.

Abschreibungsvarianten

Bei der linearen Abschreibung wird der Anschaffungswert eines Gutes gleichmäßig auf die einzelnen Rechnungsperioden, in denen das Gut benutzt werden soll, verteilt. Heutzutage werden Güter im Normalfall mit einer fünfjährigen Nutzungsdauer abgeschrieben. In Sonderfällen können spezielle Güter (beispielsweise eine PC-Anlage) auch in kürzerer Zeit abgeschrieben werden. Der daraus zu errechnende jährliche Abschreibebetrag setzt sich aus dem Basiswert dividiert durch die Nutzungsdauer zusammen. Soll das Gut nach Ablauf der Nutzungszeit zu einem Schrottwert weiterveräußert werden, so ist der Schrottwert vom Basiswert abzuziehen, bevor durch die Nutzungszeit geteilt wird.

Nachstehendes Beispiel aus „Marcello's Magic Pizza Service" soll die skizzierten Zusammenhänge verdeutlichen:

• Eine Teigmaschine wird für DM 10.000,– gekauft. Die Anschaffungskosten sollen als Basiswert dienen. Die Nutzungsdauer beträgt fünf Jahre.

$$\frac{\text{Basiswert (DM)}}{\text{Nutzungsdauer (Jahre)}}$$

$$\frac{\text{DM } 10.000,-}{5 \text{ Jahre}} = \text{DM } 2.000,- \text{ pro Jahr}$$

Der sich ergebende Restwert der Teigmaschine zum Ende des jeweiligen Abschreibungsjahres errechnet sich wie folgt:

Jahr	Abschreibung p.a. (DM)	Restwert (in DM)
0		10.000
1	2.000	8.000
2	2.000	6.000
3	2.000	4.000
4	2.000	2.000
5	2.000	0

• Variante: Die Maschine soll nach fünf Jahren Nutzungszeit für DM 1.000,– verkauft werden. Durch den Schrottwert, verringert sich der Anschaffungswert um DM 1.000,– also auf DM 9.000,–. Somit ergibt sich ein jährlicher Abschreibebetrag von DM 1.800,–.

Das lineare Abschreibeverfahren führt zu einer gleichmäßigen Kostenbelastung, wobei eine konstante Nutzungsdauer des Gutes vorausgesetzt wird. Oftmals ist auch vom Abschreibesatz die Rede. Damit ist der prozentuale Anteil des Abschreibungsbetrages am Basiswert gemeint. Im Falle der linearen Abschreibung entspricht der Basiswert dem Anschaffungswert (ggf. korrigiert um den geplanten Schrottwert). Im ersten Fall des obigen Beispiels ergibt sich demnach ein Abschreibungssatz von 20 Prozent:

$$\frac{\text{Jährlicher Abschreibungsbetrag (DM)}}{\text{Basiswert (DM)}} \times 100$$

$$\frac{\text{DM } 2.000,-}{\text{DM } 10.000,-} \times 100 = 20\,\%$$

Die geometrisch-degressive Abschreibemethode ermittelt gleichfalls einen Abschreibe-Prozentsatz. Dieser wird jedoch nicht
auf den Basiswert, sondern auf den jeweiligen Buch- oder
Restwert bezogen. Daraus ergibt sich eine geometrische Reihe,
die per Definition keinen Nullwert erreicht. Deshalb ist eine
Sonderabschreibung nach der erreichten Nutzungsdauer mit
dem Restwert vorzunehmen.

Bei der arithmetisch-degressiven Abschreibung werden die
jährlichen Abschreibebeträge stets um den gleichen Betrag verringert. Die Summe einer arithmetischen Reihe bezüglich der
Nutzungsdauer, durch die der abzuschreibende Betrag dividiert
wird, bildet die jährliche Abschreibungsquote. Der Abschreibebetrag errechnet sich aus dem Produkt aus Degressionsbetrag
mit den Jahresziffern in einer fallenden Reihe. Als Grundlage
kann sowohl der Buchwert als auch der Basiswert genutzt
werden. Geht man von einem Restbuchwert von Null aus,
spricht man von einer digitalen Abschreibung.

Die leistungsbezogene Abschreibung bezieht sich bezüglich der
jährlichen Abschreibebeträge auf den Umfang der Beanspru-
chung. Der Basiswert wird durch die errechnete Gesamtlei-
stung des Gutes dividiert. Daraus wird der Abschreibungsbetrag pro Leistungseinheit errechnet. Je nach Höhe der jährlichen Leistung ergibt sich der jährliche Abschreibungsbetrag.

Kalkulatorische Zinsen

Die kalkulatorischen Zinsen stellen das Entgelt für das dem
Unternehmen überlassene Kapital dar. Sie werden für das im
Unternehmen befindliche Fremdkapital bezahlt und stellen

klassische Aufwendungen dar, die entsprechend in der Finanzbuchhaltung erfaßt werden.

Auch das Eigenkapital sollte einer Verzinsung unterworfen werden: Wäre es nicht im Unternehmen angelegt, müßte der entsprechende Betrag in Form von Fremdkapital beschafft und verzinst werden.

Kalkulatorischer Unternehmerlohn

Der kalkulatorische Unternehmerlohn entspricht dem Entgelt, das ein Unternehmer in einem anderen Unternehmen (inklusive aller Sozialleistungen) erzielen könnte. Aufgrund dessen, daß in Einzelunternehmen und in Personengesellschaften dem Inhaber bzw. dem Geschäftsführer kein Gehalt bezahlt, sondern die Arbeitsleistung regelmäßig mit dem Gewinn abgegolten wird, setzt man in der Kostenrechnung den kalkulatorischen Unternehmerlohn als entstandene Kosten an.

Kalkulatorische Miete

Die kalkulatorische Miete bezieht sich auf die eigenen Räume, die der Unternehmer seinem Betrieb zur Ausübung der unternehmerischen Tätigkeit zur Verfügung stellt. In diesem Fall kann eine Miete angesetzt werden, wenn nicht schon auf andere Art (beispielsweise kalkulatorische Abschreibungen o. ä.) Kosten für die Räume angesetzt wurden. Die Höhe der Miete richtet sich nach dem ortsüblichen Mietspiegel.

3. Kostenstellenrechnung

Die Kostenstellenrechnung bildet nach der Kostenartenrechnung die zweite Stufe der Kostenrechnung. Sie beantwortet die Frage, wo – also an welcher Stelle im Produktionsprozeß – die in der Kostenartenrechnung gesammelten Kosten angefallen sind. Diese „Orte" nennt man Kostenstellen.

Dabei steht das Wort „Produktionsprozeß" für alle Tätigkeiten, die notwendig sind, bis ein Produkt oder eine Dienstleistung verkauft werden kann.

Klassische Kostenstellen sind beispielsweise die Fertigung, das Lager, der Versand, die Verwaltung oder der Vertrieb.

Warum sie so wichtig ist

In neugegründeten Unternehmen übernimmt fast jeder Mitarbeiter mehrere Aufgaben. Insbesondere Sie als Unternehmensgründer sind als „Generalist" in praktisch allen Bereichen Ihres Unternehmens tätig.

Zugegeben, dies erschwert auf den ersten Blick die klare Aufteilung der in der Kostenartenrechnung gesammelten Kosten. Dennoch ist eine Kostenstellenrechnung – natürlich in vereinfachter Form – auch oder gerade für ein neu gegründetes Unternehmen von großer Bedeutung: Ohne eine auf die Struktur Ihres Unternehmens angepaßte Kostenstellenrechnung

- fehlt eine wichtige Grundlage für eine kostendeckende Kalkulation Ihrer Produkte, wie sie auf Seite 158 erläutert wird;

- verfügen Sie nicht über die Möglichkeit, Kosten einzelner Bereiche zu planen und diese später laufend zu prüfen. Die Durchführung dieser Plan-Ist-Vergleiche ist wiederum Aufgabe des Controlling (siehe Seite 174).

Wie Gemeinkosten auf Ihre Produkte verteilt werden

Die bereits beschriebene Kostenartenrechnung unterscheidet zwischen

- Einzelkosten (wie Material oder Fertigungslohn), die direkt einzelnen Produkten zugerechnet werden können, und

- Gemeinkosten (beispielsweise Verwaltung, Heizung für Sanitärräume), für die keine direkte Zuordnung auf die hergestellten Erzeugnisse möglich ist.

In der Kostenstellenrechnung spielen nun ausschließlich die Gemeinkosten eine Rolle. Diese werden mittels der sogenannten Zuschlagssätze auf die einzelnen Produkte oder Produktgruppen verteilt. Die Zuschlagssätze sind damit das Bindeglied zwischen Kostenstellen- und Kostenträgerrechnung.

Zuschlagssatz im Materialbereich

Nehmen Sie zum Beispiel an, Sie hätten Ihre Kostenstellenrechnung schon durchgeführt und einen Zuschlagssatz von drei Prozent im Materialbereich ermittelt. Dann bedeutet dies für Ihre Kalkulation, daß ein Produkt, in das für DM 100,– Rohmaterial eingeht, nochmals DM 3,– an Kosten für die Lagermitarbeiter, die Abschreibungen auf das Gebäude und die Regale oder für den unvermeidbaren Schrott usw. zugeschlagen bekommt. Die Grafik verdeutlicht diesen Zusammenhang nochmals:

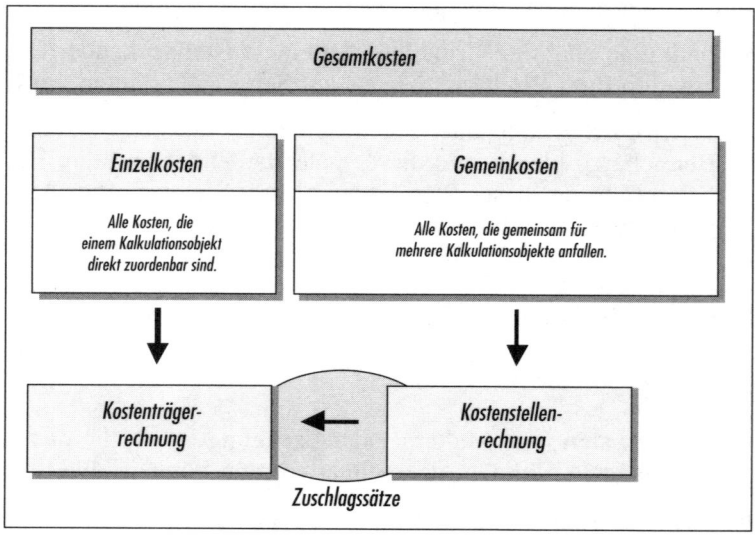

Der Betriebsabrechnungsbogen (BAB)

Das wichtigste Werkzeug im Rahmen der Kostenstellenrechnung ist der Betriebsabrechnungsbogen, kurz BAB genannt. Er ist von ähnlich grundlegender Bedeutung wie der Kontenplan in der Finanzbuchhaltung.

Der BAB ist im Grunde ein sehr einfaches Werkzeug für die Aufteilung der Gemeinkosten auf die einzelnen Funktionsbereiche im Unternehmen. Diese werden auch Kostenstellen genannt (siehe Seite 152).

Grundstruktur eines BAB

Der BAB wird meist monatlich errechnet. Schematisch gesehen umfaßt er drei Bereiche (siehe auch folgende Tabelle):

- die Gemeinkostenarten aus der Finanzbuchhaltung (Spalte 1)

- den DM-Wert je Kostenart – ebenfalls aus der Finanzbuchhaltung (Spalte 2)

- eine Spalte je Kostenstelle (Spalten 3–7) – zum Beispiel Lager, Fertigung, Verwaltung, Vertrieb und Allgemeines

1 Kostenart	2 DM je Kostenart	3 Lager (Roh-/ Fertigware)	4 Ferti- gung	5 Verwal- tung	6 Vertrieb	7 Allge- meines
Hilfsstoffe Löhne (GK) Gehälter Energie	xxx DM xxx DM xxx DM xxx DM					
Einzelkosten (zur Info)						

Wahrscheinlich werden Sie sich fragen, warum ganz unten in der Tabelle die Einzelkosten erneut erscheinen. Die Antwort ist im oben dargestellten Beispiel des Materialkostenzuschlages bereits versteckt: Die Zuschlagssätze werden in vielen Fällen auf Basis der Einzelkosten eines Produktes errechnet. Daher übernimmt der BAB die Summe aller Einzelkosten zu Informationszwecken.

Kostenstellen: zwei Typen

Grundsätzlich gibt es zwei verschiedene Typen von Kostenstellen: Die sogenannten Haupt- und die Hilfskostenstellen. Der Unterschied liegt in der Art der Zuordnung auf die Produkte (oder Kostenträger):

- Die in den Hauptkostenstellen aufgelaufenen Beträge werden mittels Zuschlagssätzen auf die Kostenträger verteilt. Klassische Hauptkostenstellen sind beispielsweise Fertigung, Lager, Verwaltung und Vertrieb.

- Für die in den Hilfskostenstellen angefallenen Beträge werden keine eigenen Zuschlagssätze ermittelt. Die hier gesammelten Kosten werden stattdessen auf die Hauptkostenstellen aufgeteilt. Typische Hilfskostenstellen sind Fuhrpark, Heizung und Warmwasseraufbereitung, sanitäre Anlagen, Betriebshandwerker usw.

Im Überblick: die wichtigsten Kostenstellen

Bei der Festlegung der Kostenstellen haben sich in der Praxis mehrere Vorgehensweisen herauskristallisiert. Dabei steht die Gliederung der einzelnen Unternehmensbereiche nach Funktionen eindeutig im Vordergrund. Funktionen sind Tätigkeitsbereiche innerhalb eines Unternehmens. Diese unterscheiden sich natürlich je nach Branche deutlich voneinander:

Funktionsorientierte Kostenstellen

- Warenlager – von Wareneingang bis Versand
- Einkauf und Disposition
- Fertigung inklusive Arbeitsvorbereitung, NC-Programmierung und Montage

- Verkaufs-Innendienst

- Vertrieb im In- und Ausland

- Verwaltung einschließlich EDV

- Entwicklung – meist getrennt zwischen Produkt- und Verfahrensentwicklung

- Allgemeines – darunter fallen die Kosten für Heizung, Sozialräume, Kantine, Beleuchtung Eingangshalle oder auch Abschreibungen für das Gebäude.

Größere Unternehmen untergliedern jede dieser Kostenstellen nochmals – beispielsweise die Kostenstelle „Lager" in „Rohmateriallager" und „Fertigwarenlager". Analoges gilt für den Fertigungsbereich. Dort wird üblicherweise getrennt zwischen Hilfskostenstellen wie NC-Programmierung, Arbeitsvorbereitung oder Meisterbüros auf der einen – und Hauptkostenstellen wie Dreherei, Fräserei, Bohrwerke, Extruderanlagen usw.

Praxis-Tip:

Diese Detaillierung verbessert zwar die verursachungsgerechte Zuordnung der Kosten in größeren Unternehmen; für Sie als Existenzgründer ist dies jedoch kaum notwendig und sinnvoll. Denken Sie daran: Der Aufwand steigt überproportional an. Starten Sie mit einer relativ groben Gliederung und sammeln Sie erste Erfahrungen. Die Gliederung läßt sich später ohne größeren Aufwand verfeinern.

Praktische Übung:
Kostenplan von „Marcello's Magic Pizza Service"

Ein Kostenstellenplan für Marcello könnte wie folgt aussehen:

1 Allgemeiner Bereich	
11 Raum	**13 Transport**
111 Küche	131 Pkw 1
112 Thekenbereich	132 Motorroller
113 Büro	
12 Energie	**14 Sozial**
121 Wasser	141 Sozialräume
122 Strom	

2 Materialbereich	
21 Einkauf	**23 Lager**
22 Warenkontrolle	

3 Fertigungsbereich	
31 Küche	

4 Vertriebsbereich	
41 Verkauf	**43 Werbung**
42 Marktforschung	**44 Verpackung**

5 Verwaltungsbereich	
51 EDV	**52 Geschäftsleitung**

Erstellen des Betriebsabrechnungsbogens: wie Sie am besten vorgehen

Mit der Festlegung der Kostenstellen haben Sie die Vorarbeiten für die Erstellung des Betriebsabrechnungsbogens (BAB) abgeschlossen. Sie können nun im nächsten Schritt die in der Finanzbuchhaltung gesammelten Gemeinkosten auf die Kostenstellen zuordnen.

Hinweis:

Die einzelnen Schritte sind jeweils mit einem Beispiel von „Marcello's Magic Pizza Service" erläutert. Aus Platzgründen konnten jedoch nicht alle Details aus der Unternehmensplanung vollständig übernommen werden.

Schritt 1:
Gemeinkosten aus der Kostenartenrechnung übernehmen

Nehmen wir an, Marcello habe in der Startphase seines Pizza-Services folgende Kostenstellen gebildet:

* Lager

* Küche (= Fertigung)

* Verkauf (Theke) und Vertrieb (inklusive Motorroller und Pkw)

* Verwaltung

Marcello trägt nun die in der Finanzbuchhaltung ermittelten Gemeinkosten in seinen BAB ein. Im unteren Teil des BAB übernimmt er die Einzelkosten zu Informationszwecken.

1 Gemeinkostenarten	2 DM je Kostenart	3 Küche Lager	4 Verwaltung	5 Verkauf Vertrieb
Energie **Abschreibungen**	**8.010** **10.104**			
Einzelkosten				
Nahrungsmittel Gehalt Marcello	61.377 54.000			

Schritt 2: Gemeinkosten auf die Kostenstellen verteilen

Marcello muß nun festlegen, wie er die Gemeinkosten (im Beispiel Energie und Abschreibungen) auf seine fünf Kostenstellen verteilen will. Dazu benötigt er verschiedene Verteilschlüssel, die je nach Kostenart unterschiedlich sein können.

Auch hier muß Marcello ein vernünftiges Mittelmaß finden zwischen möglichst hoher Präzision des Umlageschlüssels und möglichst geringem zeitlichen Aufwand zur Ermittlung der einzelnen Werte.

Weit verbreitete Verteilschlüssel sind beispielsweise:

• Zählerstände je Kostenstelle – für Strom, Wasser, Gas

• Gehaltslisten, sortiert nach Kostenstellen – für Löhne und Gehälter

• Flächen oder Raummaße – für Heizungskosten, Sanierungen

Marcello hat für den Ofen einen eigenen Gaszähler installieren lassen. Die übrigen Energiekosten legt er nach der Fläche um.

Die Abschreibungen ordnet er immer dem Standort der einzelnen Geräte zu:

• Küche: Pizzaofen, Kücheneinrichtung inklusive diverse Maschinen

• Verwaltung: PC, Schreibtisch, Kopierer

• Verkauf, Vertrieb: Theke, Kasse, Motorroller, Telefonanlage,

Dies ergibt dann folgenden BAB:

1 Gemeinkostenarten	2 DM je Kostenart	3 Küche Lager	4 Verwaltung	5 Verkauf Vertrieb
Energie	**8.010**	5.450	1.500	1.060
Abschreibungen	**10.104**	4.771	1.750	3.583
...				
Summe		**10.221**	**3.250**	**4.643**
Einzelkosten				
Nahrungsmittel	61.377			
Gehalt Marcello	54.000			

Hilfskostenstellen auf Hauptkostenstellen verteilen

Sofern Sie in Ihrem Unternehmen Hilfskostenstellen gebildet haben, sind diese vor der Berechnung der Zuschlagssätze auf die Hauptkostenstellen umzulegen. Normalerweise kommt das sogenannte Treppenverfahren zum Einsatz. Bei diesem Verfahren werden die einzelnen Hilfskostenstellen nacheinander auf die Hauptkostenstellen verteilt. Dabei ist die Reihenfolge der Umlage wichtig: Man beginnt immer mit jener Kostenstelle, die keine oder nur geringe Leistungen von anderen Hilfskostenstellen erhält.

Diese Verrechnung kann anhand von variablen Verbrauchsschlüsseln (beispielsweise über einen Stromzähler) oder durch fixe Verteilungen (z. B. Fläche einer Abteilung) erfolgen.

Schritt 3: Zuschlagssätze berechnen

Da Marcello auf die Einrichtung von Hilfskostenstellen verzichtet hat, kann er nun direkt mit der Berechnung seiner Zuschlagssätze beginnen. Dabei entnimmt er die Summe der Gemeinkosten jeder Kostenstelle direkt aus dem BAB.

Er benötigt jetzt noch eine Bezugsgröße, anhand der er die Gemeinkosten auf jedes verkaufte Produkt umlegen kann. Wie bereits bei den Verteilschlüsseln gibt es auch hier keinen festen Standard. Vielmehr kommt es für Sie als Existenzgründer darauf an, einen einfach zu ermittelnden und hinreichend genauen Wert zu finden.

Klassische Bezugsgrößen für die Berechnung der Zuschlagssätze sind beispielsweise für die Kostenstellen:

● Lager: Wert des eingekauften Materials pro Jahr

● Fertigung: Fertigungslöhne pro Jahr

● Verwaltung: Anzahl Rechnungen, Anzahl Mahnungen pro Jahr

● Vertrieb: Anzahl Kundenbesuche pro Jahr

Marcello entscheidet sich beispielsweise, die Anzahl der hergestellten Pizzas als Basis für die Umlage der Vertriebskosten zu nehmen. Diesen Wert erhält er ohne Aufwand automatisch aus seinem intelligenten Kassensystem für jede beliebige Periode ausgedruckt. Nehmen wir an, Marcello hätte im zurückliegenden Jahr ca. 17.000 Pizzas gebacken. Dann würde sich ein Vertriebskostenzuschlag je Pizza von ca. DM 0,27 ergeben (DM 4.463,– Gemeinkosten dividiert durch 17.000 Pizzas).

4. Kostenträgerrechnung und Kalkulation

Nach Kostenarten- und Kostenstellenrechnung bildet die Kostenträgerrechnung die dritte Stufe der Kostenrechnung. Sie beantwortet die Frage, wofür die Kosten angefallen sind.

Warum sie so wichtig ist

Als Jungunternehmer stecken Sie sehr viel Energie in die Vermarktung Ihrer neuen Produkte. Letztendlich möchten Sie wissen, ob sich Ihre Mühen gelohnt bzw. ob Ihre Anstrengungen den richtigen Produkten gegolten haben.

Die Kostenträgerrechnung hilft Ihnen dabei: Sie zeigt Ihnen die „Renner-" und die „Verlierer-Produkte" Ihres Unternehmens, indem sie die Einzelkosten aus der Kostenartenrechnung und die Gemeinkosten aus der Kostenstellenrechnung auf die Produkte zuordnet. Der Begriff „Kostenträger" bezeichnet dabei meist ein Produkt oder gegebenenfalls eine ganze Produktgruppe oder ein Sortiment.

Stellen Sie nun diesen Kosten je Produkt die entsprechenden Erlöse gegenüber, so erkennen Sie sehr rasch, welche Ihrer Produkte mehr und welche weniger erwirtschaften als sie kosten.

Die Ergebnisse liefern Ihnen wichtige Informationen, um die richtigen Entscheidungen für Ihr künftiges Geschäft zu treffen. So könnten Sie beispielsweise folgende Schlüsse ziehen:

• Die Produkte mit dem höchsten Gewinn (Renner) sollten noch intensiver vermarktet werden.

- Totale Verlustbringer (Verlierer) möglichst aus dem Produktprogramm streichen – sofern sich daraus keine negativen Nebeneffekte ergeben. So könnte es vorkommen, daß Ihre Kunden teilweise nur bei Ihnen kaufen, weil sie beide Produkte bei Ihnen beziehen können.

- Bei Produkten, die sich im Bereich der Gewinnschwelle bewegen – also einen sehr geringen Gewinn bzw. Verlust erwirtschaften – ist es ratsam, den Markt sorgfältig auf seine Potentiale hin zu untersuchen. Verstärkte Anstrengungen sollten dann denjenigen Produkten gelten, welche die größten Chancen am Markt haben.

Möglicherweise lassen sich solche „Schwellenprodukte" aber auch durch Optimierungsmaßnahmen in den Funktionsbereichen – Beschaffung, Produktion, Absatz, Logistik usw. – in die sichere Gewinnzone bringen.

Wichtig:

Die Kostenrechnung kann Ihnen die Entscheidung keinesfalls abnehmen – sie ist aber ein geeigneter Informationslieferant zur Entscheidungsvorbereitung.

Daher bietet die Kostenträgerrechnung Ihnen als Unternehmer die Möglichkeit, zwei ganz unterschiedliche Fragen zu beantworten:

- Wie hoch sind meine Kosten je Stück?
  Dies ist die klassische Aufgabenstellung der Kalkulation (auch Kostenträgerstückrechnung genannt).

- Wie hoch ist mein Betriebsergebnis im ersten Halbjahr?
  Die Antwort hierauf erhalten Sie im Rahmen der kurzfristigen Erfolgsrechnung (auch Kostenträgerzeitrechnung genannt).

Zuschlagskalkulation: einfach und universell

Zur Berechnung der Stückkosten wurden eine ganze Reihe mehr oder weniger aufwendiger Verfahren entwickelt. Allen gemeinsam ist das Ziel, die entstandenen Gemeinkosten möglichst gerecht den einzelnen Produkten zuzuordnen.

Als Existenzgründer werden Sie in aller Regel auf das verbreitetste Verfahren – die Zuschlagskalkulation – zurückgreifen. Sie finden jedoch eine kurze Einführung der weiteren Verfahren wie Divisionskalkulation, Äquivalenzziffernkalkulation und Maschinenstundensatzrechnung auf den Seiten 165 ff.

Die wohl größten Vorteile der Zuschlagskalkulation liegen in ihrer universellen Einsetzbarkeit und der einfachen Handhabung. Diese Methode wird von Fertigungsunternehmen ebenso wie von Handwerksbetrieben, Handelshäusern oder Dienstleistern angewandt. Dabei kann sich der Aufbau von Branche zu Branche leicht verändern: Das Prinzip bleibt jedoch immer gleich.

Die Zuschlagskalkulation rechnet alle angefallenen Kosten dem jeweiligen Produkt zu – ohne Berücksichtigung der Umsatzsteuer. Es handelt sich damit um eine Netto-Kalkulation. Der kalkulierte Nettopreis wird am Ende mit dem Umsatzsteuerfaktor (1,15) multipliziert.

Schritt 1: Zuschlagssätze für Material
und Fertigungs-Gemeinkosten errechnen

In der Kostenstellenrechnung haben Sie ja bereits die Gemeinkosten nach Bereichen (Kostenstellen) getrennt ermittelt – also beispielsweise nach Material-, Fertigungs-, Verwaltungs- und Vertriebskosten.

Die Umlage der Material- und Fertigungsgemeinkosten erfolgt auf der Basis der in den jeweiligen Bereichen entstandenen Einzelkosten. Letztere sind beispielsweise die Summe der eingekauften Waren oder die Summe aller ausbezahlten Fertigungslöhne.

Die Summe aus Einzelkosten und Gemeinkosten für Material und Fertigung ergibt die Kosten, die für die Herstellung eines Produktes angefallen sind. Man nennt diesen Wert daher auch die Herstellkosten.

Sie können nun – analog zum Beispiel auf Seite 150 – den Zuschlagssatz für die Gemeinkosten ermitteln. Der Materialgemeinkostenzuschlag (in %) errechnet sich dabei:

$$\frac{\text{Materialgemeinkosten (DM)}}{\text{Einkaufsvolumen (DM)}} \times 100$$

Entsprechend gilt für den Zuschlagssatz (in %) der Fertigungsgemeinkosten:

$$\frac{\text{Fertigungsgemeinkosten (DM)}}{\text{bezahlte Löhne in der Fertigung (DM)}} \times 100$$

Setzen Sie nun die ermittelten Werte in die Kalkulationstabelle ein:

Kosten	Beispiel	Hinweise
Einzelkosten Material + Gemeinkosten Material (Zuschlagssatz)	10.000 DM 500 DM	Anzahl x Stückliste x Preis z. B. 5 %
= Summe Materialkosten	10.500 DM	
+ Einzelkosten Fertigung (Löhne, Gehälter) + Gemeinkosten Fertigung (Zuschlagssatz) + Sonderkosten der Fertigung für dieses Produkt	5.000 DM 500 DM 1.000 DM	z. B. 10 % 1.000 DM für Werkzeuge
= Summe Fertigungskosten	6.500 DM	
= **Herstellkosten** **(Material- + Fertigungskosten)**	**17.000 DM**	

Schritt 2: Verwaltungs- und Vertriebsgemeinkosten verteilen

Die Herstellkosten sind wiederum die Grundlage für die Verteilung der Verwaltungs- und Vertriebsgemeinkosten.

Dabei berechnen sich die Zuschlagssätze für Verwaltung und Vertrieb als:

$$\frac{\text{Verwaltungsgemeinkosten (DM)}}{\text{Herstellkosten (DM)}} \times 100$$

$$\frac{\text{Vertriebsgemeinkosten (DM)}}{\text{Herstellkosten (DM)}} \times 100$$

Berücksichtigen Sie abschließend noch die gegebenenfalls anfallenden Sonderkosten für den Vertrieb der Produkte – beispielsweise die Kosten einer Anzeigenkampagne oder einer Ausstellung auf Fachmessen.

Die Summe aus Herstellkosten und den Verwaltungs- und Vertriebskosten (meist kurz „V + V" genannt) ergibt Ihre Selbstkosten. Auch bei einem harten Preiskampf mit einem Konkurrenten sollten Sie diesen Wert nicht unterschreiten.

Schritt 3: Gewinne, Rabatte, Skonti und Umsatzsteuer einrechnen

Zu den Selbstkosten addieren Sie abschließend den von Ihnen vorgegebenen Gewinnzuschlag, die Rabatte und Skonti, die Sie im Regelfall gewähren müssen, und die Umsatzsteuer. Sie erhalten dann zusammengefaßt folgende Kalkulationstabelle:

Kosten	Beispiel	Hinweise
Einzelkosten Material	10.000 DM	Anzahl x Stückliste x Preis
+ Gemeinkosten Material (Zuschlagssatz)	500 DM	z. B. 5 %
= Summe Materialkosten	10.500 DM	
+ Einzelkosten Fertigung (Löhne, Gehälter)	5.000 DM	
+ Gemeinkosten Fertigung (Zuschlagssatz)	500 DM	z. B. 10 %
+ Sonderkosten der Fertigung für dieses Produkt	1.000 DM	1000 DM für Werkzeuge
= Summe Fertigungskosten	6.500 DM	
= **Herstellkosten** **(Material- + Fertigungskosten)**	**17.000 DM**	
+ Gemeinkosten Verwaltung	850 DM	z. B. 5 % v. 17.000 DM
+ Gemeinkosten Vertrieb	1.700 DM	z. B. 10 % v. 17.000 DM
+ Sondereinzelkosten Vertrieb	450 DM	z. B. Anzeige Messekatalog
= Summe Verwaltung + Vertrieb (**V + V**)	3.000 DM	
= **Selbstkosten (Herstellkosten zzgl. V + V)**	**20.000 DM**	

+ Gewinnzuschlag (auf Selbstkosten)	2.000 DM	z. B. 10 % v. 20.000 DM
= **Netto-Angebotspreis**	**22.000 DM**	
+ Rabatte und Skonti	1.100 DM	z. B. 5 % v. 22.000 DM
= **Listenpreis**	**23.100 DM**	
+ Umsatzsteuer	3.465 DM	15 % auf Listenpreis
= **Brutto-Angebotspreis**	**26.565 DM**	

Zuschlagskalkulation im Handel

In reinen Handelsbetrieben fallen Fertigungskosten nicht an;
dafür ist jedoch die detaillierte Betrachtung der Wareneinkaufs-
preise und der Rabatte von wesentlich höherer Bedeutung.
Zudem ist die Zuordnung der Gemeinkosten auf einzelne Produkte sehr schwierig. Daher wird in vielen Handelsbetrieben
nur ein Zuschlagssatz errechnet, in den alle Gemeinkosten wie
Personal, Provisionen, Mieten, Werbe- und Reisekosten, Zinsen
usw. einfließen. Dieser Zuschlagssatz errechnet sich auf der
Basis der Summe aller Wareneinkäufe:

$$\frac{\text{Summe aller Gemeinkosten (DM)}}{\text{Summe aller Wareneinkäufe (DM)}} \times 100$$

Falls Sie Ihr Unternehmen im Handelssektor gründen möchten,
so sollten Sie zweckmäßigerweise folgende Kalkulationstabelle
nutzen:

Kosten	Beispiel	Hinweise
Einkaufskosten Waren gem.		
Netto-Angebotspreis	11.000 DM	vom Lieferanten angegeben
− Rabatte, Skonto, Bonus	−1.100 DM	z. B. 10 %
+ Zuschläge für Kleinmengen	100 DM	z. B. 100 DM
= Bareinkaufspreis	10.000 DM	
+ Bezugskosten		
(Verpackung, Fracht, Zoll usw.)	200 DM	z. B. 200 DM
= **Einstandspreis Ware**	**10.200 DM**	

+ Zuschlagssatz Gemeinkosten	1.530 DM	z. B. 15 % v. 10.200 DM
= **Selbstkosten**	**11.730 DM**	
+ Gewinnzuschlag (auf Selbstkosten)	2.346 DM	z. B. 20 % v. 11.730 DM
= **Netto-Angebotspreis**	**14.076 DM**	
+ zu gewährende Rabatte und Skonti	1.408 DM	z. B. 10 % v. 14.076 DM
= **Listenpreis (netto)**	**15.484 DM**	

Wichtig:

Falls Sie an private Endkunden verkaufen, ist abschließend noch die Umsatzsteuer zu addieren.

Weitere Kalkulationsverfahren

Neben der Zuschlagskalkulation werden in der Praxis noch eine Reihe weiterer Verfahren angewandt, die je nach Branche, Produkt oder Fertigungsverfahren sehr aussagekräftige Ergebnisse liefern können. Die Unterschiede liegen allesamt in der Ermittlung der Selbstkosten – also vor Gewinn, Rabatt und Umsatzsteuer.

Achtung:

Im Regelfall stellen die einzelnen Verfahren jedoch gewisse Voraussetzungen an Ihr Unternehmen. Falls Sie diese Methoden nutzen wollen, so prüfen Sie diese mit erfahrenen Partnern zur Sicherheit nochmals ab.

Divisionskalkulation

Die Divisionskalkulation ist ein einfach durchzuführendes Kalkulationsverfahren, das jedoch eher für eine Massenfertigung einheitlicher Waren oder für hochautomatisierte Fertigungsprozesse anzuwenden ist.

Während die Zuschlagskalkulation auf den Einzelkosten für Material oder Fertigung aufbaut, betrachtet die Divisionskalkulation die hergestellten Stückzahlen als Basiswert. Ein klassisches Beispiel ist eine Gießerei, die sowohl Gold- als auch Bronzebarren herstellt. Dabei sind die Kosten des Einschmelzens und Gießens weitgehend unabhängig vom Einkaufswert des Metalls (von unterschiedlichen Schmelztemperaturen und Auskühlzeiten einmal abgesehen). Eine Zuschlagskalkulation würde jedoch die Kosten auf der Basis der Metallpreise verteilen – und so die Goldbarren „ungerecht" verteuern.

In der einfachsten Form errechnen sich die Selbstkosten eines Produktes wie folgt:

$$\frac{\text{Summe aller Kosten einer Periode (DM)}}{\text{Gesamtzahl aller hergestellter Artikel dieser Periode (Stück)}}$$

Dabei sind zwei Voraussetzungen zu erfüllen:

- möglichst nur eine Erzeugnisart (Artikeltyp)

- keine Lagerveränderung an fertigen und unfertigen Erzeugnissen

In der Praxis sind verschiedene Weiterentwicklungen der Divisionskalkulation anzutreffen. Die wohl häufigste ist die differenzierte Divisionskalkulation. Hier werden die Gesamtkosten für einzelne Produktgruppen getrennt ermittelt und diese dann durch die jeweilige Gesamtmenge dividiert. Typisches Beispiel ist die Herstellung von Chargen in der Pharma-Industrie oder in der Getränkeabfüllung (eine Abfüllanlage, aber mehrere Flaschentypen und unterschiedliche Stückzahlen je Getränkesorte).

Äquivalenzziffernkalkulation

Die Äquivalenzziffernkalkulation ähnelt im Aufbau der Divisionskalkulation, läßt jedoch mehrere unterschiedliche Artikeltypen oder Sorten zu. Die hierbei entstehenden Kosten müssen jedoch in einem bestimmten Verhältnis zueinander stehen. Dies ist sehr häufig bei unterschiedlichen Qualitätsstufen der Fall.

Dieses Kostenverhältnis beschreiben die sogenannten Äquivalenzziffern. Das zuerst betrachtete Produkt erhält den Basiswert „1". Die Werte aller anderen Produkte liegen dann unter- oder überhalb dieser Marke.

Nun werden alle in einer Periode hergestellten Produkte mit den jeweiligen Äquivalenzziffern multipliziert. Die Summe dieser Werte können Sie nun unter den Bruchstrich der Divisionskalkulation eintragen.

Beispiel:

Hergestellt wurden je 100 Stück von Produkt A und B. Die Äquivalenzziffer (AZ) von A ist 1, jene von B = 2 (also doppelt so hoch wie A). Die Gesamtsumme der angefallenen Kosten war DM 600,–.

Die Äquivalenzziffernkalkulation ergibt dann für das Produkt B folgende Selbstkosten:

$$\frac{\text{DM } 600,-}{(100 \text{ Stück A} \times 1) + (100 \text{ Stück B} \times 2)} \times 2 \ (= \text{AZ von B})$$

Es ergibt sich ein Wert von DM 4,– für Produkt B und DM 2,– für Produkt A.

Die Voraussetzungen der Äquivalenzziffernkalkulation:

● Verfügbarkeit sinnvoller Verhältniszahlen

● keine Lagerveränderung an fertigen und unfertigen Erzeugnissen

Auch bei der Äquivalenzziffern-Methode werden in der Praxis vornehmlich weiterentwickelte Varianten eingesetzt, die beispielsweise unterschiedliche Äquivalenzziffern für aufeinanderfolgende Fertigungsstufen beinhalten.

Maschinenstundensatzrechnung

Die Maschinenstundensatzrechnung kommt in Fertigungsunternehmen zum Einsatz, in denen die Zuschlagskalkulation keine hinreichend genaue Zuordnung der Fertigungsgemeinkosten mehr ermöglicht. Dies gilt insbesondere für hochautomatisierte Fertigungen oder bei einer Mischung aus kostenintensiven Bearbeitungszentren im Mehrschichtbetrieb und konventionellen Maschinen, die nur in der Tagschicht genutzt werden.

Zuerst werden die verschiedenen Maschinen einzeln oder gegebenenfalls in Gruppen in jeweils eigenen Kostenstellen zusammengefaßt. Dort werden die anfallenden Gemeinkosten wie Abschreibungen, Energie, Instandhaltung usw. gesammelt (vgl. Kostenstellenrechnung auf Seite 151).

Anschließend wird diese Summe durch die Maschinenlaufzeit (in Stunden) dividiert. Sie erhalten so einen Kostensatz je Stunde Laufzeit der Maschine.

$$\frac{\text{Summe aller Kosten einer Maschinen-Kostenstelle in einer Periode (DM)}}{\text{Laufzeit der Maschine in dieser Periode (Anzahl Stunden)}}$$

Im Arbeitsplan jedes Produktes wird nun festgelegt, welche Maschinen-Kostenstellen im Fertigungsprozeß zu durchlaufen sind und wie lange das einzelne Teil auf der Maschine bearbeitet werden soll. Dabei sind dann noch Rüstzeiten usw. zu berücksichtigen.

Auf der Basis dieser Zeiten und dem Stundensatz jeder Maschine können die Fertigungsgemeinkosten eines Artikels sehr exakt ermittelt werden.

Im Überblick: Systematik der Kostenrechnung

Das folgende Schaubild verdeutlicht nochmals den Zusammenhang zwischen den drei Teilbereichen der Kostenrechnung – von links nach rechts zu lesen:

- Kostenartenrechnung
  - ⇨ Welche Kosten sind angefallen?
  - ⇨ Welche Kosten sind Einzelkosten, welche sind Gemeinkosten?
- Kostenstellenrechnung
  - ⇨ Wie sind die Gemeinkosten sinnvoll auf einzelne Funktionen zu verteilen?
  - ⇨ Ermittlung von Zuschlagssätzen für die Kalkulation
- Kalkulation (Kostenträgerstückrechnung)
  - ⇨ Ermittlung des Verkaufspreises auf Basis der Einzelkosten und Gemeinkosten sowie weiterer Zuschläge für Gewinn, Rabatte oder Skonti

Systematik der Kostenrechnung

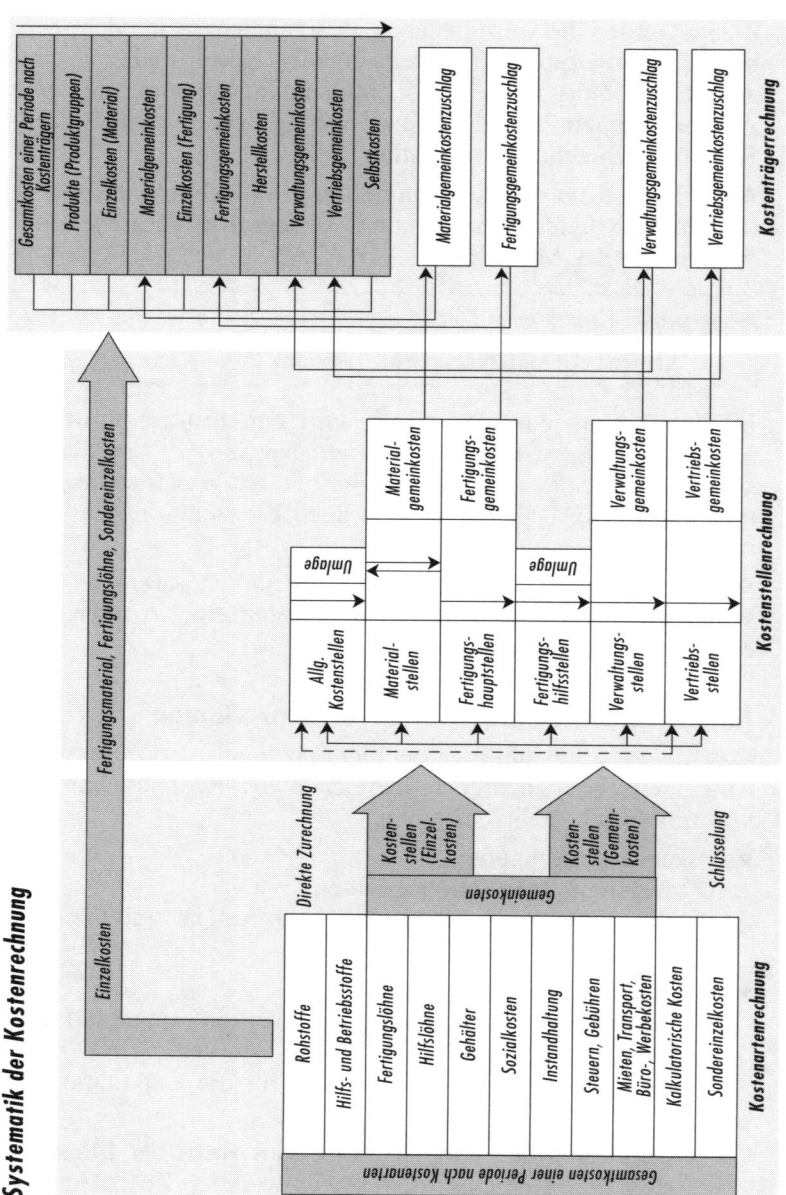

168

Kurzfristige Erfolgsrechnung:
Ermittlung des Ertrags einer Periode

Die kurzfristige Erfolgsrechnung (KER) liefert Ihnen als Unternehmer die Antwort auf die Frage: Wie hoch ist mein Betriebsergebnis im ersten Halbjahr?

Sofern Sie über eine funktionsfähige Kostenrechnung verfügen, so läßt sich die oben genannte Frage ohne allzu großen Aufwand beantworten. Greifen Sie einfach auf das untenstehende Berechnungsschema zurück: Die Inhalte und Werte stammen allesamt aus Ihrer Kostenrechnung.

Kurzfristige Erfolgsrechnung für 01.01.–30.06.	Beispiel	Hinweise
Umsatzerlöse aller Produkte	110.000 DM	Kostenartenrechnung
– Rabatte, Skonto	–10.000 DM	Kostenartenrechnung
= Netto-Erlös	100.000 DM	
– Herstellkosten der Produkte inklusive Material- und Fertigungs-Gemeinkosten	–60.000 DM	Kostenstellenrechnung Kostenträgerrechnung
= Rohertrag	40.000 DM	
– Vertriebskosten	–10.000 DM	Kostenstellenrechnung
– Verwaltungskosten	– 5.000 DM	Kostenstellenrechnung
– Sonstige betriebliche Aufwendungen	– 2.000 DM	Kostenstellenrechnung
= Betriebsergebnis	23.000 DM	

5. Deckungsbeitragsrechnung

Mit Hilfe der ersten Abschnitte der Kostenrechnung haben Sie eine fundierte und transparente Kostenrechnung aufgebaut. So wichtig und notwendig diese Zahlen auch sind: Für eine Reihe grundlegender unternehmerischer Entscheidungen sind die Aussagen noch zu pauschal. In diesen Fällen müssen Sie die Höhe Ihrer variablen und der fixen Kosten detailliert kennen. Genau diese Unterscheidung treffen Sie im Rahmen der Deckungsbeitragsrechnung.

Fixe und variable Kosten: der Unterschied

- Variable Kosten hängen von der Produktionsmenge ab. Typischerweise sind diese die Einzelkosten wie Material oder Fertigungslöhne.

- Fixe Kosten entstehen unabhängig von der Anzahl der gefertigten Güter. Klassische Beispiele sind die Personalkosten von Verwaltung oder Geschäftsleitung oder die Abschreibungen auf das Grundstück.

In der Praxis sind natürlich eine Vielzahl von Mischformen anzutreffen. Der häufigste Fall sind die sogenannten sprungfixen Kosten, die immer dann auftreten, wenn ab einer gewissen Schwelle beispielsweise ein neuer Meister, ein neuer Großrechner oder ein weiteres Fahrzeug benötigt werden. Bei einem weiteren Wachstum der Stückzahlen usw. verändern sich diese zunächst nicht – bis wieder eine Schwelle erreicht wird.

Dabei gilt die Unterscheidung von fixen und variablen Kosten grundsätzlich auch für die Gemeinkosten. Zwar sind diese im Regelfall als fixe Kosten einzustufen, doch sind im Fertigungsbereich variable Gemeinkosten keine Seltenheit. Beispielsweise entstehen diese durch Abschreibungen auf Maschinen, sofern der Abschreibungsbetrag nicht linear, sondern in Abhängigkeit der Auslastung berechnet wird.

Deckungsbeitragsrechnung: wobei sie Ihnen helfen kann

Die Kenntnis Ihrer fixen und variablen Kosten ist gerade bei strategischen Entscheidungen von hoher Wichtigkeit. Dabei stehen drei Fragen im Vordergrund:

- Ab welchen Stückzahlen erreicht Ihr Unternehmen die Gewinnschwelle? Dies wird auch als Break-even-Analyse bezeichnet.

- Wo liegt Ihre Preisuntergrenze? Sie als Unternehmer werden aus harten Preisverhandlungen wissen, warum hierfür das Wort „Schmerzgrenze" durchaus berechtigt ist.

- Eigenfertigung oder Fremdbezug? Vielfach scheinen die Angebote Ihrer Lieferanten unter den Herstellkosten der vergleichbaren selbstgefertigten Produkte zu liegen. Dort sind allerdings fixe Kosten enthalten, die bei Fremdbezug nicht automatisch wegfallen würden. Sie dürfen daher aus Kostensicht nur die variablen Kosten innerhalb der Herstellkosten dagegenrechnen.

Wichtig:

Natürlich spielt die Kenntnis der variablen und der fixen Kosten auch in Krisensituationen eine nicht zu unterschätzende Rolle.

Deckungsbeitragsrechnung: der Aufbau

Die Grundlage der Deckungsbeitragsrechnung – also die Unterscheidung in variable und fixe Kosten – treffen Sie in der Kostenartenrechnung. Dort legen Sie für jede Kostenart fest, wie hoch der jeweilige variable und fixe Anteil einzuschätzen ist. Beispielsweise sind Reisekosten im Vertrieb als variable Gemeinkosten einzustufen. Dabei sollten Sie für die Unterscheidung und die Gewichtung sinnvollerweise den Rat eines Fachmannes einholen; generelle Aussagen sind hierfür nicht sinnvoll.

Sobald Sie die Summe der variablen und fixen Kosten kennen, tragen Sie die Werte in nachstehende Tabelle ein. Dabei werden allerdings die fixen Kosten nur als Gesamtsumme übernommen. Im Gegensatz zur Kalkulation erhebt die Deckungsbeitragsrechnung nicht den Anspruch, die Gesamtsumme aller Kosten auf die einzelnen Produkte aufzuteilen.

Die Grundstruktur kennen Sie bereits aus der kurzfristigen Erfolgsrechnung auf Seite 169. Im Beispiel werden dabei zwei Produktgruppen unterschieden.

	Summe in DM	Produkt A in DM	Produkt B in DM
Stückzahl		10.000	10.000
Umsatz-Erlöse	300.000	100.000	200.000
– Rabatte, Skonto usw.	–13.000	–5.000	–8.000
Netto-Erlös	287.000	95.000	192.000
– Variable Kosten der Herstellung	–155.000	–35.000	–120.000
Deckungsbeitrag 1	132.000	60.000	72.000
– Variable Kosten des Vertriebs	–30.000	–10.000	–20.000
– Variable Sonderkosten (Garantieleistungen)	–5.000	0	–5.000
Deckungsbeitrag 2	97.000	50.000	47.000
– Fixe Kosten der Herstellung	–20.000		
– Fixe Kosten Vertrieb	–10.000		
– Fixe Kosten Verwaltung	–9.000		
– Sonstige fixe Kosten	–1.000		
– Summe fixe Kosten	–40.000		
Betriebsergebnis	–57.000		

Das Wort „Deckungsbeitrag" verdeutlicht dabei, daß die in den entsprechenden Zeilen errechneten Werte zur Deckung der verbleibenden Fixkosten zur Verfügung stehen.

Aus dieser Deckungsbeitragsrechnung können Sie beispielsweise die Preisuntergrenze Ihrer Produkte ableiten. Dividieren Sie die Summe der variablen Kosten (inklusive Rabatt, Skonto) durch die Anzahl der Produkte. In obigem Beispiel ergibt dies folgende Werte:

Produkt	Variable Kosten	Anzahl	Preisuntergrenze
A	50.000 DM	10.000	5,00 DM
B	153.000 DM	10.000	15,30 DM

Controlling für Existenzgründer

5

1. Controlling: Steuermann des Unternehmens

Gerade als Existenzgründer ist es für Sie wichtig, stets den Überblick über Ihr Unternehmen und damit über die Ertragslage Ihres Geschäfts zu behalten. Nur so können Sie gefährliche Untiefen frühzeitig erkennen und geeignete Gegensteuerungsmaßnahmen einleiten.

Wie in den vorigen Abschnitten dargestellt, legen Sie mit der Planung den Kurs fest, den Sie in der nächsten Zeit (Periode) einschlagen wollen. Die Kostenrechnung liefert Ihnen demgegenüber viele Detaildaten der bis zum Ist-Zeitpunkt zurückgelegten Strecke.

Inwieweit Sie noch auf Kurs sind, können Sie nur feststellen, indem Sie weitere wichtige Werte ermitteln und aufbereiten, die geplanten und aktuellen Werte miteinander vergleichen, auftretende Abweichungen analysieren, die Abweichungsursache beseitigen und zweckmäßige Maßnahmen einleiten, um Ihr Unternehmen wieder in die richtige Richtung zu lenken. In diesem Sinne handeln Sie als Steuermann – eine wichtige Ergänzung der Kapitäns-Funktion auf der Unternehmens-Brücke (= Führungsebene).

In aller Regel startet man als Existenzgründer mit einem kleinen „Schiff". Sie werden daher zunächst Kapitän und Steuermann in einer Person sein. Mit zunehmender Größe wird die Übertragung der Steuerungsfunktion auf eine andere Person notwendig werden.

In der Betriebswirtschaft wird die Steuerungsfunktion durch das Controlling wahrgenommen – als Ergänzung von Planung und Kostenrechnung zu einem geschlossenen (Unternehmens-) Regelkreis (vgl. Grafik auf der nächsten Seite). Controlling beinhaltet neben der Steuerungsfunktion auch Informationsaufbereitungs- und Kontrollfunktionen. Hierzu werden vom Controlling eine Vielzahl von Hilfsmitteln (Werkzeugen) eingesetzt. Die wichtigsten Werkzeuge sind Plan-Ist-Vergleiche und Steuerungs-Kennzahlen. Sie sind Gegenstand der nächsten beiden Abschnitte. Darüber hinaus gibt es eine Vielzahl weiterer Controlling-Instrumente für unterschiedliche Einsatzgebiete. Insgesamt lassen sich die Controlling-Instrumente grob in operative und strategische Instrumente unterscheiden.

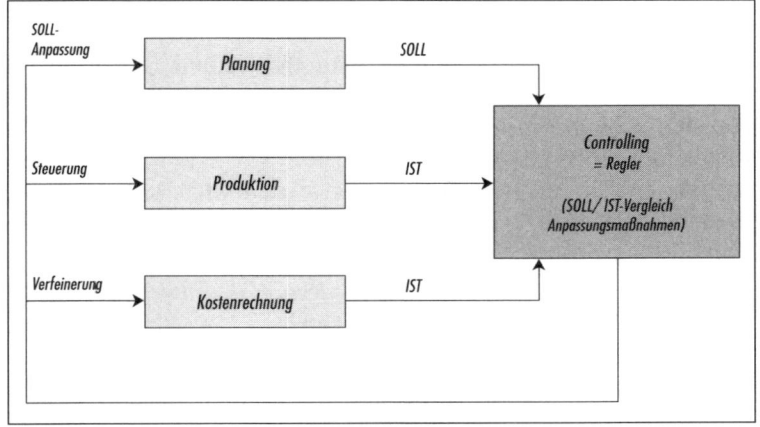

Operative Controlling-Instrumente sind die Werkzeuge des täglichen Geschäfts – dienen also der kurzfristigen Ausrichtung des Unternehmens (siehe auch Seite 191). Neben den Plan-Ist-Vergleichen und Steuerungs-Kennzahlen zählen hierzu:

● Break-even-Analyse

● ABC-Analyse

● XYZ-Analyse

Strategische Controlling-Instrumente unterstützen gegenüber den operativen Tools die Gestaltung des künftigen Geschäfts – also die langfristige Ausrichtung des Unternehmens auf neue Märkte usw. Als wesentliche Tools werden hierzu im folgenden erläutert:

● Eigenfertigung oder Fremdbezug (Make-or-buy-Analyse)

● Gap-Analyse

● Portfolio-Analyse

● Benchmarking

● Konkurrenzanalyse

2. Plan-Ist-Vergleich

Im Kapitel „Existenzgründungsplanung" haben Sie erfahren, daß Planzahlen aufgrund von Annahmen über den künftigen Geschäftsablauf definiert werden. Zur Beurteilung des tatsächlichen Geschäfts (Ist-Erlöse, Ist-Kosten) sowie der Planungsgüte müssen Sie die realisierten Werte den Planwerten gegenüberstellen und die Abweichungen Plan versus Ist durch Differenzbildung ermitteln.

So ermitteln Sie die Abweichungen

Gehen Sie pragmatisch vor: Fügen Sie nach jeder Periodenspalte (Monat, Quartal) Ihrer Planungsrechnungen drei weitere Spalten ein:

- Ist(-Werte)
- Abweichung absolut   (= Ist minus Plan)
- Abweichung prozentual (= Abweichung absolut dividiert durch Planwert multipliziert mit 100)

Nachstehende Tabelle zeigt Ihnen das skizzierte Vorgehen ausschnittsweise für die Monate Februar bis April der Umsatztabelle aus dem Marcello-Beispielfall:

Name – Größe	Februar				März				April			
	Plan	Ist	Abw.	%	Plan	Ist	Abw.	%	Plan	Ist	Abw.	%
Pizza Standard – Normal	2.175	2.110	–65	–3	4.877	4.779	–98	–2	5.761	5.818	58	1
Pizza Standard – Ultra	2.599	3.040	442	17	5.785	6.622	864	15	6.562	6.890	328	5
Pizza Luxus – Normal	2.297	2.068	–230	–10	5.226	5.278	52	1	6.443	6.572	129	2
Pizza Luxus – Ultra	1.972	2.130	158	8	4.295	4.080	–215	–5	4.623	4.438	–185	–4
Salate	740	725	–15	–2	1.610	1.562	–48	–3	1.734	1.699	–35	–2
Softdrinks	319	338	19	6	726	748	22	3	895	940	45	5
Weine	557	529	–28	–5	1.198	1.186	–12	–1	1.235	1.235	0	0
Umsatz vor Nachlässe	**10.659**	**10.940**	**281**	**3**	**23.690**	**24.255**	**565**	**2**	**27.252**	**27.591**	**340**	**1**
Nachlaß wg. > DM 100	–533	–544	–11	2	–1.184	–1.220	–36	3	–1.363	–1.376	–14	1
Nachlaß wg. Selbstabhol.	–1.519	–1.564	–46	3	–3.376	–3.443	–68	2	–3.883	–3.961	–78	2
Umsatz effektiv	**8.607**	**8.832**	**225**	**3**	**19.129**	**19.591**	**462**	**2**	**22.006**	**22.254**	**248**	**1**

176

Erläuterung:

Berechnung Februar; Pizza Standard – Normal:
2.110 ./. 2.175 = − 65
− 65 : 2.175 = − 2,99 (gerundet: − 3)

Damit sind die Abweichungen ermittelt und zahlenmäßig dargestellt. Nun gilt es, die Ursachen der wesentlichen (bedroh-
lichen) Abweichungen zu ergründen, um daraus geeignete
Maßnahmen zu ihrer Beseitigung ableiten zu können. Das
Hauptproblem bei der Ursachenermittlung von Kosten- und Er-
lösabweichungen ist die Zurechnung: Kosten und Erlöse sind
jeweils das Produkt aus Menge und Preis. Abweichungen lassen sich deshalb grundsätzlich in folgende drei Komponenten
aufteilen:

- Preisabweichung = Abweichung von Plan- und Ist-Preis,
  multipliziert mit der Plan-Menge

  (Ist-Preis ./. Plan-Preis) x Plan-Menge

- Mengenabweichung = Abweichung von Plan- und Ist-Menge, multipliziert mit dem Planpreis

  (Ist-Menge ./. Plan-Menge) x Plan-Preis

- Sekundärabweichung = Produkt aus Preis- und Mengenände-
  rung

  Preisabweichung x Mengenabweichung

Nachstehende Grafik zeigt Ihnen die Zusammenhänge zwischen den skizzierten Abweichungsarten:

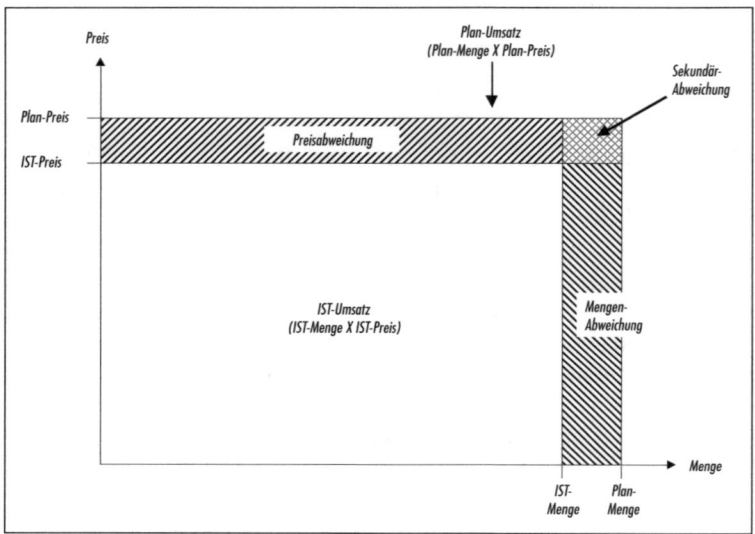

Erläuterungen:

Aus obiger Grafik ist ersichtlich, daß die Sekundärabweichung weder der Menge noch dem Preis eindeutig zugeordnet werden kann. Sie bleibt als nicht weiter spezifizierbare Restgröße übrig. Als Vereinfachung empfiehlt sich, die Sekundärabweichung im Verhältnis der Mengen- und Preisabweichung auf diese aufzuteilen.

Preisabweichungen

Preisabweichungen können weiter in Preisabweichungen bei Material und bei Löhnen unterteilt werden.

- Material-Preisabweichung: Produktions- bzw. Handelsware wurde teurer bzw. günstiger als geplant eingekauft. Bleibt zu untersuchen, bei welchen Materialien deutlich höhere Preise gegenüber Plan bezahlt werden mußten.

- Lohn-Abweichung: Hier wurde die Arbeitskraft teurer bzw. günstiger als geplant „eingekauft". Abweichungen können schon alleine dadurch entstehen, daß Mitarbeiter auf geringfügiger Beschäftigungsbasis eingeplant, während des Jahres aber in ein festes Anstellungsverhältnis übernommen wurden.

Mengenabweichungen

Im Rahmen der Mengenabweichung lassen sich Verbrauchs- und Beschäftigungsabweichungen unterscheiden:

- Beschäftigungsabweichungen kommen aufgrund von Unter- bzw. Überbelegung der geplanten Maschinenkapazitäten zustande. Unterbelegung heißt, die Maschinen stehen teilweise leer. Die gesamten Fixkosten des Maschinenparks lassen sich damit in sogenannte Leer- und Nutzkosten aufteilen (vgl. auch Grafik auf der nächsten Seite):

  - Nutzkosten kennzeichnen jenen Teil der gesamten Fixkosten, der durch die Ist-Beschäftigung genutzt wird.

  - Leerkosten kennzeichnen jenen Teil der gesamten Fixkosten, der durch die Ist-Beschäftigung nicht genutzt wird – also brachliegt.

- Verbrauchsabweichungen können noch weiter aufgegliedert werden. Voraussetzung hierfür ist allerdings die Kenntnis (Planung, Ist-Erfassung) der zugrundeliegenden Größen:

  - Verfahrensabweichungen: Belegung anderer Maschinen als geplant, Veränderung des Arbeitsablaufs, Einsatz neuer Herstellungsverfahren.

  - Loßgrößenabweichungen: Geringere Losgrößen (Produktions-Chargen) führen in aller Regel zu mehr Abfall (Verschwendung).

  - Leistungsabweichung: Verlängerung bzw. Verkürzung der Fertigungszeiten.

  - Qualitätsabweichung: Schlechte Qualität hat Nachbesserung bzw. Ersatz zur Folge.

Praxis-Tip:

Gelingt es Ihnen, die Ursache einer Abweichung eindeutig zu bestimmen, so läßt sich hierzu in der Regel auch der Verantwortliche rasch bestimmen. Sie sollten dann dreierlei tun:

- Durchsprache der Abweichungen mit den Verantwortlichen

- gemeinsame Definition von Maßnahmen zur Beseitigung der Ursache

- Überwachung der Maßnahmen-Umsetzung

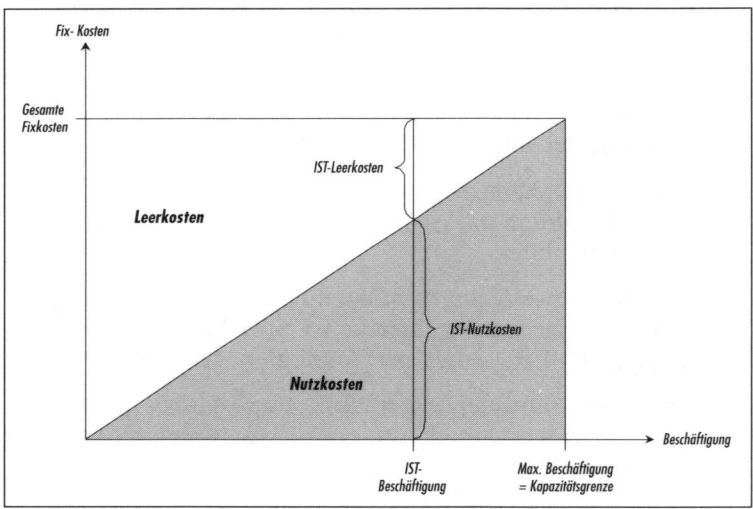

3. Steuerungs-Kennzahlen

Damit Sie gleich von Anfang an einen raschen Überblick über das Betriebsgeschehen erhalten, empfiehlt es sich, die komplexe betriebliche Wirklichkeit zahlenmäßig in Form von Kennzahlen zu verdichten.

Kennzahlen und Kennzahlensysteme

Kennzahlen können sowohl Absolutzahlen als auch Verhältniszahlen sein.

- Absolutzahlen sind Einzelkennzahlen, Summen, Salden und Differenzen (z. B. Durchlaufzeit, Umsatz, Gewinn). Es handelt sich also im wesentlichen um Positionen ihrer Planungsrechnungen und Rechenwerke der Finanzbuchhaltung (GuV, Bilanz).

- Verhältniszahlen setzen zwei Absolutzahlen in Relation zueinander (z. B. Umlaufvermögen zu Gesamtvermögen, Geschäftsbereichsumsatz zu Gesamtumsatz, Umsatz zu Gewinn). Relationen sind am besten geeignet, Zusammenhänge im Unternehmen zu verstehen.

Durch Verknüpfung einzelner Kennzahlen zu Kennzahlensystemen lassen sich systematische Zusammenhänge in Ihrem Unternehmen noch deutlicher aufzeigen.

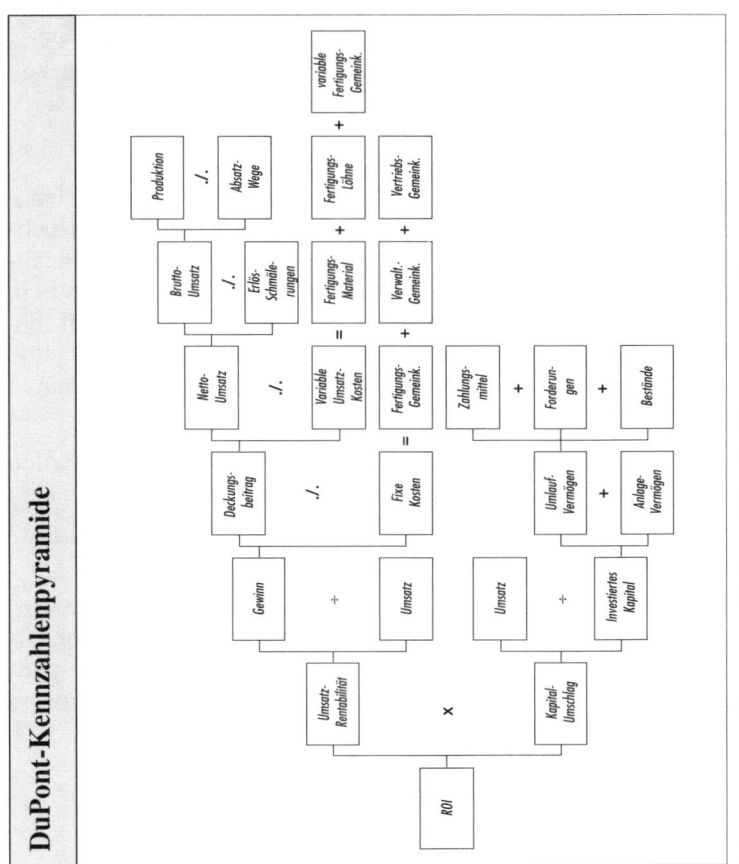

DuPont-Kennzahlenpyramide

ROI = „Return on investment" (= Rentabilität des Gesamtvermögens)

181

Erläuterungen:

Dieses Kennzahlensystem geht von einer Spitzenkennzahl (ROI = Rentabilität des Gesamtvermögens) aus. Daraus werden weitere Kennzahlen nach logischen Gesichtspunkten abgeleitet. Um die einzelnen Kennzahlen zu erhalten, müssen Sie Jahresabschlußdaten (Bilanz-, GuV-Daten) entsprechend der vorgegebenen Zusammenhänge miteinander verknüpfen.

Mit der Gründung Ihres Unternehmens liegen indes noch gar keine Jahresabschlußdaten vor. Sie können aber Kennzahlen und Kennzahlensysteme auch zur Planung wichtiger Unternehmensdaten heranziehen. Am Beispiel des DuPont-Kennzahlensystems aufgezeigt, heißt dies: Planung der einzelnen Kennzahlenwerte von der Spitzenkennzahl ROI ausgehend.

Praxis-Tip:

Nach Ablauf der definierten Periode (Quartal, Halbjahr, Jahr) sind dann Soll-Ist-Vergleiche möglich, woraus sich wiederum Steuerungsmaßnahmen ableiten lassen: Die starke Abweichung einer Kennzahl vom Plan zeigt Ihnen oftmals den richtigen Ansatzpunkt zur Gegensteuerung.

Kennzahlen sollten Sie für alle Unternehmensbereiche bilden – für Beschaffung, Produktion, Logistik, Absatz und das Rechnungswesen. Dabei sind neben den Kosten vor allem Kennzahlen zur Abbildung von Leistung, Qualität und Zeit wesentlich. Kosten- und Leistungskennzahlen ergeben – wie auch die Kosten- und Leistungsrechnung – lediglich in bezug auf eine Periode einen Sinn. So sollten Sie immer Tages-, Monats-, Quartals- bzw. Jahres-Kennzahlen ermitteln.

In den folgenden Abschnitten werden Sie wichtige Kennzahlen mit Bezeichnung und Berechnungsformel kennenlernen.

Beschaffungskennzahlen

Mit Hilfe der Kostenrechnung lassen sich vergleichsweise einfach die Kosten der Beschaffungsabteilung ermitteln – vorausgesetzt, Sie haben hierfür eine Kostenstelle gebildet. Eine gängige Kennzahl ist der relative Anteil der Beschaffungskosten am Einkaufsvolumen (Ergebnisdarstellung in Prozent):

$$\frac{\text{Beschaffungskosten (DM)}}{\text{Einkaufsvolumen (DM)}} \times 100$$

Diese Kennzahl sollte in einem Fertigungsbetrieb die Zwei-Prozent-Marke und in einem Handelsbetrieb die Ein-Prozent-Marke nicht überschreiten. Ansonsten könnte dies ein Zeichen für eine überdimensionierte Einkaufsabwicklung sein. Da die Lohnkosten den Großteil der Beschaffungskosten ausmachen, wäre in diesem Fall die Beschaffungsabteilung möglicherweise zu groß dimensioniert.

Wichtig:

Eine Überschreitung des kritischen Werts ist aber genau zu untersuchen: Die Abweichungs-Ursache könnte auch positiven Charakter haben – etwa falls das Einkaufsvolumen bei gleichen Mengen durch erfolgreiche Preisverhandlungen reduziert werden konnte. Eine sorgfältige Unterscheidung in Mengen- und Preisabweichung ist damit unerläßlich.

Die Güte der Beschaffung läßt sich in Form der Fehllieferungsquote bzw. des Lieferservices angeben:

- Fehllieferungsquote (Prozent)

$$\frac{\text{Anzahl Fehllieferungen}}{\text{Gesamtzahl Lieferungen}} \times 100$$

Fehllieferungen lassen sich dabei in nicht termingerechte bzw. nicht qualitätsgerechte Lieferungen unterscheiden. Eine entsprechende Trennung der Kennzahl könnte für die Ursachenbeseitigung bei kritischen Werten (> 3 %) sinnvoll werden.

- Lieferservice (Prozent)

$$\frac{\text{Anzahl termingerechter Lieferungen}}{\text{Gesamtzahl Lieferungen}} \times 100$$

Der Lieferservice ist damit das Gegenstück zu der auf Terminverzögerungen basierenden Fehllieferungsquote.

Produktionskennzahlen

Beschäftigungs- und Verbrauchsabweichungen wurden Ihnen bereits vorgestellt (siehe Seite 178). Ihre zahlenmäßige Abbildung liefert Ihnen wertvolle Kennzahlen im Bereich der Produktion. Die regelmäßige Erfassung dieser Größen hilft Ihnen, rasch die Abweichungsursachen zu ergründen und entsprechende Maßnahmen abzuleiten.

Als weitere wesentliche Produktions-Kosten-Kennzahlen sollten Sie den relativen Anteil der Fertigungskosten an den Gesamtkosten, den Materialeinsatz sowie den Anteil der Rüstkosten an den Fertigungskosten ermitteln.

- Anteil Fertigungskosten an den Gesamtkosten (Prozent)

$$\frac{\text{Fertigungskosten (DM)}}{\text{Gesamtkosten (DM)}} \times 100$$

- Materialeinsatz (Prozent)

$$\frac{\text{Materialkosten (DM)}}{\text{Umsatz (DM)}} \times 100$$

- Anteil Rüstkosten an den Fertigungskosten (Prozent)

$$\frac{\text{Rüstkosten}}{\text{Fertigungskosten}} \times 100$$

Praxis-Tip:

- Es empfiehlt sich, die drei Kennzahlen für jede Produktgruppe separat zu berechnen. Dadurch gewinnen Sie einen raschen Überblick über Ihre fertigungs-, material- bzw. rüstintensivsten Produktgruppen.

- Der Fertigungskosten-Anteil und der Materialeinsatz werden zudem häufig im Rahmen eines Unternehmens- bzw. Branchen-Vergleichs herangezogen. Typische Branchen-Werte lassen sich meist bei öffentlichen Institutionen erfragen (Industrie- und Handelskammern, Branchen-Verbände).

Im Hinblick auf die Produktion sollte Sie außerdem interessieren, inwieweit Ihr Betrieb wirtschaftlich arbeitet. Die Wirtschaftlichkeit (Prozent) Ihres Unternehmens läßt sich über das Verhältnis Leistungen zu Kosten darstellen:

$$\frac{\text{Leistung (DM)}}{\text{Kosten (DM)}} \times 100$$

Bei entsprechender Kostenstellendefinition können Sie Kosten und Leistungen für einzelne Fertigungsbereiche und damit deren individuelle Wirtschaftlichkeit ermitteln. Beträgt die wertmäßige Ausbringung einer Fertigungs-Kostenstelle beispielsweise DM 2.000.000,– pro Jahr und verursacht diese Stelle Kosten in Höhe von DM 1.300.000,–, so beträgt Ihre Wirtschaflichkeit ca. 154 Prozent.

$$\frac{\text{DM } 2.000.000}{\text{DM } 1.300.000} \times 100 = 154 \text{ Prozent}$$

Eng verwandt mit der Wirtschaftlichkeits-Kennzahl ist die Produktivität (Prozent). In ihrer engen Definition ist sie das Verhältnis aus mengenmäßigem Output (Ausstoß) zu mengenmäßigem Input (Einsatz).

$$\frac{\text{Output (Stück, kg)}}{\text{Input (Stück, kg)}} \times 100$$

In der Praxis ist eine Gegenüberstellung gleicher Mengeneinheiten kaum sinnvoll möglich. Zum Einsatz kommen hier regelmäßig Kombinationen aus Wert- und Mengengrößen, die dennoch als Produktivitäten bezeichnet werden. Als gängigste Produktivitätskennzahl ist die Mitarbeiterproduktivität zu nennen:

$$\frac{\text{Umsatz (DM)}}{\text{Anzahl Mitarbeiter}} \times 100$$

Die Mitarbeiterproduktivität wird häufig zu Unternehmensvergleichen herangezogen. Sie sollte in Produktionsunternehmen mehr als DM 250.000,– betragen. In Handelsunternehmen kann sie rasch eine zwei- bis vier- und mehrfache Größenordnung hiervon erreichen.

Bezüglich der Beschäftigung wurden bereits die Kosten-Kennzahlen der Beschäftigungsabweichung – Nutzkosten bzw. Leerkosten – erläutert. In diesem Zusammenhang kommt dem Beschäftigungsgrad (Prozent) eine wichtige Bedeutung zu:

$$\frac{\text{Ist-Produktionsstunden}}{\text{Plan-Produktionsstunden}} \times 100$$

Bei einer geplanten Betriebsbereitschaft von beispielsweise 2.200 Stunden (h) pro Jahr und 1.760 tatsächlichen Produktionsstunden ergibt sich ein Beschäftigungsgrad von 80 Prozent:

$$\frac{1.760 \text{ h}}{2.200 \text{ h}} \times 100 = 80 \text{ Prozent}$$

Eine weitere wichtige zeitorientierte Produktions-Kennzahl ist die Produktions-Durchlaufzeit. Sie umfaßt die Zeitspanne vom Start eines Produktionsauftrags bis zur Fertigstellung der Ware. In ihrer Gesamtheit ist die Produktions-Durchlaufzeit wenig aussagefähig. Wichtiger ist vielmehr, ihre einzelnen Teilzeiten näher zu betrachten. So setzt sich die Produktions-Durchlaufzeit aus folgenden Teilzeiten zusammen:

- Bearbeitungszeit

- Rüstzeit

- Kontrollzeit

- Liegezeit

- Transportzeit

Lediglich während der Bearbeitungszeit wächst der Wert Ihrer Produkte. Alle übrigen Teilzeiten erhöhen lediglich die Kapitalbindung und damit grundsätzlich unnötige Kosten. Ziel muß daher sein, diese Teilzeiten zu minimieren, also eine Flußzahl von 1 zu erreichen:

$$\frac{\text{Produktions-Durchlaufzeit}}{\text{Bearbeitungszeit}} = 1$$

Praxis-Tip:

Gerade als Existenzgründer haben Sie die Chance, Ihre Produktionsabläufe in diesem Sinne optimal zu gestalten. Als Daumenregel hierzu gilt: Verlagern Sie unvermeidbare Wartezeiten möglichst an den Anfang und kostenintensive Veredelungsarbeiten an den Schluß des gesamten Produktionsprozesses. Im Laufe des Betriebsgeschehens sollten Sie Ihr Augenmerk dann regelmäßig auf die kostentreibenden Teilzeiten richten.

Logistikkennzahlen

Erweitert man die Produktions-Durchlaufzeit um die übrigen Zeiten, die ein Kundenauftrag von seiner Erfassung bis zu seiner Auslieferung benötigt, erhält man die Durchlaufzeit im weiteren Sinne. Da sie den gesamten Zeitfluß durch das Unternehmen wiedergibt, wird sie regelmäßig den Logistikkennzahlen zugeordnet. Das zur Produktions-Durchlaufzeit und Flußzahl Gesagte gilt hier analog.

Zentrale Kenngrößen in der Logistik sind die Lagerumschlagshäufigkeit (auch Lagerumschlag bzw. Lagerumschlagsgeschwin-
digkeit genannt) sowie der Lieferbereitschaftsgrad (auch Auslieferungsquote).

- Lagerumschlagshäufigkeit (ohne Dimension)

$$\frac{\text{Umsatz (DM)}}{\text{Durchschnittlicher Lagerbestand (DM)}}$$

Diese Kennzahl sagt aus, wie oft das gesamte Warenlager in
der betrachteten Periode umgesetzt wird. Ziel ist ein möglichst hoher Lagerumschlag. Je höher dieser ausfällt, desto
geringer die Kapitalbindung in Form von Lagerbeständen.
Der Lagerumschlag ist damit die Kern-Kennzahl für Handelsunternehmen. Sie weisen typischerweise einen deutlich
höheren Lagerumschlag auf als Produktionsunternehmen.

- Lieferbereitschaftsgrad (Prozent)

$$\frac{\text{Anzahl termingerechter Auslieferungen}}{\text{Gesamtzahl Lieferungen}} \times 100$$

Die Auslieferungsquote sollte möglichst 100 Prozent betragen. Damit wären alle Kunden termingerecht beliefert worden.

Orientiert man sich am Materialfluß durch das Unternehmen,
können die beiden Zentral-Kenngrößen auf die drei Logistikbe-
reiche Materialwirtschaft, Fertigungslogistik und Absatzlogi-
stik heruntergebrochen werden. Daneben lassen sich in den
einzelnen Bereichen weitere Kennzahlen ermitteln:

- Lagerumschlagshäufigkeit (ohne Dimension) eines Logistik-Teilbereichs

$$\frac{\text{Lagerabgangswert (DM)}}{\text{Durchschnittlicher Lagerbestand (DM)}}$$

- Lieferbereitschaftsgrad (Prozent) eines Logistik-Teilbereichs

$$\frac{\text{Anzahl termingerechter Materialbereitstellungen}}{\text{Gesamtzahl Materialbereitstellungen}} \times 100$$

- Lagerkapazitäts-Auslastungsgrad (Prozent)

$$\frac{\text{Effektive Lagerkapazitätsauslastung}}{\text{Maximal mögliche Lagerkapazitätsauslastung}} \times 100$$

Ein Auslastungsgrad von 60 Prozent in der Materialwirtschaft gibt beispielsweise an, daß das Eingangslager zu
40 Prozent der betrachteten Periode leer ist. In diesem Fall
sollten Untersuchungen folgen, inwieweit der nicht genutzte
Bereich weiterhin leer bleiben sollte, anderweitig verwendet
werden kann bzw. abzubauen ist.

- Kosten pro Lagerbewegung (DM)

$$\frac{\text{Lagerpersonalkosten (DM)}}{\text{Anzahl Lagerzu- und -abgänge}}$$

Diese Kennzahl zeigt Ihnen, wieviel DM Sie ausgeben, um
eine Verpackungseinheit Material (Stück, kg) ein- bzw. aus-
zulagern. Sie gibt Ihnen auch eine Vorstellung davon, daß
nicht der Wert eines Materials, Halbfertig- oder Fertig-
produktes die Logistikkosten in die Höhe treibt, sondern die
Häufigkeit der Bewegungen des Materials usw.

Absatzkennzahlen

Die wohl wichtigste Absatzkennzahl überhaupt ist der Umsatz als
absolute Größe. Bei allen Umsatzbetrachtungen sollten Sie aber
nicht die Kriterien vergessen, welche zur Erwirtschaftung des
Umsatzes beitragen. Überschreiten deren Kosten in der Summe
den Gesamtumsatz haben Sie Verlust „produziert" – oder anders
ausgedrückt: Sie haben Ihre Umsätze zu teuer erkauft.

- Wareneinsatz

$$\frac{\text{Kosten der eingesetzten Waren (DM)}}{\text{Umsatz (DM)}} \times 100$$

- Werbekostenanteil

$$\frac{\text{Werbekosten (DM)}}{\text{Umsatz (DM)}} \times 100$$

- Verkaufskostenanteil

$$\frac{\text{Verkaufskosten (DM)}}{\text{Umsatz (DM)}} \times 100$$

Zu den Verkaufskosten zählen insbesondere die Verkäuferprovisionen bzw. Lohnkosten für Reisende inklusive Spesen usw. Verkaufen Sie Ihre Ware in einem Geschäft, sind Mieten und Raumkosten für den Verkaufsraum anzusetzen.

- Garantiekostenanteil

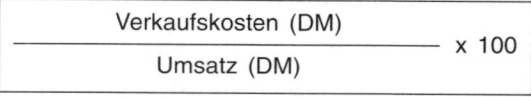

$$\frac{\text{Garantiekosten (DM)}}{\text{Umsatz (DM)}} \times 100$$

Garantiekosten beinhalten alle Aufwendungen Ihrerseits zur Behebung der Kundenreklamationen innerhalb der Garantiefrist. Sie sollten nicht mehr als ein Prozent des Umsatzes ausmachen. Überschreiten die Garantiekosten die Ein-Prozent-Marke, weisen Ihre Produkte ein schlechtes Qualitätsniveau auf.

4. Operative Controlling-Instrumente

Break-even-Analyse

Als Existenzgründer beschäftigen Sie sich von Anfang an mit der Frage, zu welchem Zeitpunkt Sie in der Lage sein werden, aus Ihrer Geschäftsidee Gewinn zu erwirtschaften. Überlegungen dieser Art werden in der sogenannten Break-even-Analyse vorgenommen. Das Konzept ist vergleichsweise einfach:

● Stellen Sie Ihren Erlösen Ihre gesamten fixen und variablen Kosten gegenüber.

● Ermitteln Sie als Break-even-point diejenige Absatzmenge, bei deren Überschreitung die Gesamterlöse höher als die Gesamtkosten sind und Sie mit jeder zusätzlich verkauften Einheit Gewinn erzielen. Der Break-even-point wird deshalb auch als Gewinnschwelle bezeichnet.

Anders formuliert: Die Break-even-Analyse bestimmt diejenigen Erlöse mit den entsprechenden Absatzmengen, die Sie benötigen, um Ihre gesamten Kosten zu decken.

Praxis-Tip:

Um den Break-even-point errechnen zu können, müssen Sie den Verkaufspreis für Ihr Produkt sowie Ihre fixen und variablen Kosten kennen. Beides erfahren Sie aus Ihren Planungsrechnungen.

Gehen Sie vereinfachend von der Annahme aus, daß sowohl der Verkaufspreis als auch die fixen Kosten von der Absatzmenge unabhängig sind. Zwar abstrahieren Sie in diesem Fall von Mengenrabatten und Sprüngen in den fixen Kosten – eine Näherungslösung ist aber völlig ausreichend. Für die erfolgreiche Unternehmensführung gilt der Grundsatz: Es geht primär um die rasche Ermittlung von Größenordnungen und nicht um die aufwendige Bestimmung exakter Werte.

Rechnerisch ermitteln Sie die kritische bzw. Break-even-Absatzmenge mit folgender Formel:

$$\frac{\text{Fixkosten (DM)}}{\text{(Verkaufspreis (DM)} - \text{Variable Kosten je Mengeneinheit [DM/ME])}}$$

Der Break-even-point läßt sich auch grafisch bestimmen:

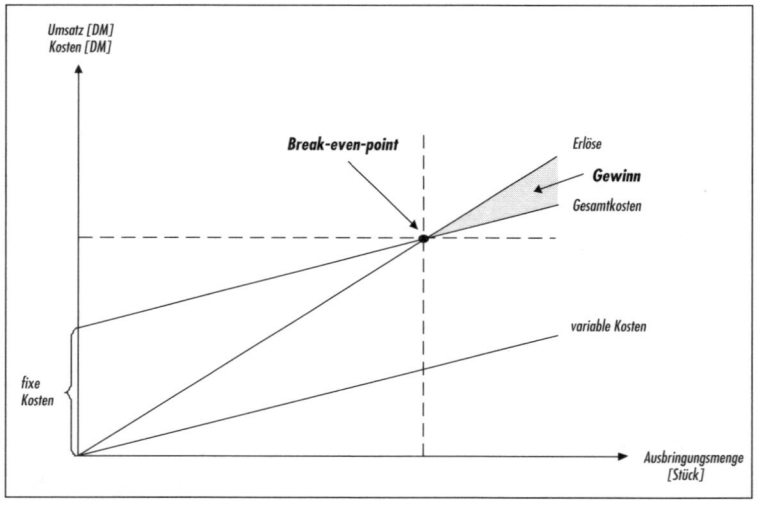

Erläuterungen:

Zeichnen Sie hierzu zunächst die Gerade der variablen Kosten ein. Unter der Annahme eines linearen Kostenverlaufs steigt sie, beginnend im Koordinatenursprung mit Kosten = 0 bei Menge = 0, proportional zur Menge an. An jeder beliebigen Stelle der Gerade können Sie nun auf der Ordinate (y-Achse) die gesamten variablen Stückkosten ablesen, die bei der Produktion einer bestimmten Menge anfallen.

Die fixen Kosten sind (abgesehen von wenigen Ausnahmen) unabhängig von der Ausbringungsmenge und treten auch schon vor Aufnahme der Produktion auf. Tragen Sie deshalb die fixen Kosten oberhalb der ersten Gerade parallel ab. Sie erhalten die Gesamtkostenkurve, die Ihnen zu jeder Produktionsmenge die zugehörigen insgesamt angefallenen Kosten angibt.

Zuletzt fehlt nur noch die Erlös-(Umsatz-)Gerade, deren Steigung sich durch den erzielbaren Preis am Markt bestimmt. Sie führt ebenfalls durch den Koordinatenursprung, da erst bei einer positiven Ausbringungsmenge auch tatsächlich ein Umsatz erzielt wird. Der Break-even-point bestimmt sich nun als der Schnittpunkt der Gesamtkosten- mit der Erlösgerade.

ABC-Analyse

Die ABC-Analyse hilft Ihnen bei der Konzentration auf wesentliche Vorgänge Ihres Geschäfts:

- Welche Materialien binden das meiste Kapital – und sollten daher möglichst nicht auf Lager beschafft werden?

- Welche Teile sind extrem kritisch im Hinblick auf ihre Wiederbeschaffungszeit?

- Welche Lieferanten sind am zuverlässigsten?

- Mit welchen Kunden machen Sie die höchsten Umsätze?

Das Prinzip der ABC-Analyse besteht darin, eine Klassen-Drei-Teilung (A-, B- und C-Klasse) zu erzeugen, bei der das gegenläufige Verhalten von Mitteleinsatz und Ergebnis sichtbar wird. Allgemein lassen sich die Klassen wie folgt einteilen:

- A-Klasse: Bester Bereich; mit ca. 10–20 Prozent des Einsatzes lassen sich 50–70 Prozent des Ergebnisses erzielen

- B-Klasse: Mittlerer Bereich; mit 10–50 Prozent des Einsatzes werden 20–40 Prozent des Ergebnisses erreicht

- C-Klasse: Schlechtester Bereich; für ca. 10 Prozent des Ergebnisses werden 50–80 Prozent der Mittel benötigt

Der Anwendungsschwerpunkt der ABC-Analyse liegt im Bereich der Materialwirtschaft. In Abhängigkeit der Zugehörigkeit zu einer bestimmten Klasse kommen hier unterschiedliche

Beschaffungs- und Bereitstellungsmaßnahmen für die Materialien zum Tragen.

Zunächst gilt es aber, die einzelnen Materialien den jeweiligen Klassen zuzuordnen. Zu diesem Zweck werden in einem ersten Schritt die Beschaffungs- bzw. Jahresverbrauchsmengen jedes Materials mit den zugehörigen Preisen multipliziert. Man erhält damit den jeweiligen Beschaffungs- bzw. Verbrauchswert.

Im nachstehenden Beispielfall beschafft das betrachtete Unternehmen pro Jahr zehn Artikel zu unterschiedlichen Mengen und Preisen. Als Gesamt-Beschaffungswert pro Jahr ergeben sich daraus DM 400.000,–:

Artikel [Nr.]	1	2	3	4	5	6	7	8	9	10	Gesamt
Beschaffungsmenge [Stück/Jahr]		900	100	500	1.000	2.000	600	800	400	5.000	
Einkaufspreis [DM/Stück]	10	20	280	20	4	100	10	40	50	16	
Beschaffungswert [DM/Jahr]	2.000	18.000	28.000	10.000	4.000	200.000	6.000	32.000	20.000	80.000	400.000

In einem nächsten Schritt ermitteln Sie eine Rangordnung der Artikel derart, daß Sie in der ersten Spalte den Artikel mit dem höchsten Beschaffungswert pro Jahr einsortieren. Die übrigen Artikel folgen in wertmäßig fallender Reihenfolge:

Rangordnung (*) [Nr.] Artikel [Nr.]	1	2	3	4	5	6	7	8	9	10
Artikel [Nr.]	6	10	8	3	9	2	4	7	5	1
Beschaffungswert [DM/Jahr]	200.000	80.000	32.000	28.000	20.000	18.000	10.000	6.000	4.000	2.000
Kumulierter Beschaffungswert [DM/Jahr]	200.000	280.000	312.000	340.000	360.000	378.000	388.000	394.000	398.000	400.000
Anteil Artikel an Gesamt-Artikel-Anzahl [%]	10	20	30	40	50	60	70	80	90	100
Anteil kum. Beschaffungswert am Gesamtwert [%]	50	70	78	85	90	94,5	97	98,5	99,5	100
Klassen-Einteilung	A	B	B	B	B	C	C	C	C	C

(*) nach Beschaffungswertanteilen: Rang Nr. 1 = höchster Rang = höchster Beschaffungswert

In einer weiteren Zeile der Tabelle ermitteln Sie dann die kumulierten Beschaffungswerte über die Artikel. In unserem Beispielfall errechnet sich der entsprechende Wert für den Artikel mit dem zweithöchsten Beschaffungswert (Artikel-Nr. 10) durch Addition des Artikelbeschaffungswerts (DM 80.000,– mit dem kumulierten Beschaffungswert des nächst höheren Ranges (DM 200.000,–). Für den Rang Nr. 7 (Artikel Nr. 4) ergibt sich ein kumulierter Beschaffungswert von DM 388.000,– (DM 10.000,– Beschaffungswert Artikel-Nr. 4 plus DM 378.000,– kumulierter Beschaffungswert im Rang 6).

Für die endgültige ABC-Einteilung müssen Sie noch zwei Rechenschritte vornehmen:

- Ermittlung des prozentualen Anteils der Artikel bis zum betrachteten Rang an der Gesamtzahl der Artikel. Bis zum Rang 4 sind in obigem Beispiel demnach 40 Prozent der Artikel abgedeckt.

- Ermittlung des prozentualen Anteils der kumulierten Beschaffungswerte des betrachteten Rangs am Gesamt-Beschaffungswert der Artikel. Alle Artikel bis einschließlich Rang 6 decken in obiger Tabelle bereits 94,5 Prozent des Gesamt-Beschaffungswerts ab.

Im dargestellten Beispiel ergibt sich damit folgende Klassen-Einteilung:

- A-Klasse: Rang 1 (Artikel-Nr. 6)
             10 Prozent der Artikel
             50 Prozent des Gesamt-Beschaffungswerts
- B-Klasse: Rang 2 bis 5 (Artikel-Nr. 10, 8, 3 und 9)
             40 Prozent der Artikel
             40 Prozent des Gesamt-Beschaffungswerts
- C-Klasse: Rang 6 bis 10 (Artikel-Nr. 2, 4, 7, 5 und 1)
             50 Prozent der Artikel
             10 Prozent des Gesamt-Beschaffungswerts

Die ermittelte ABC-Einteilung läßt sich anschaulich in einer sogenannten Lorenzkurve darstellen:

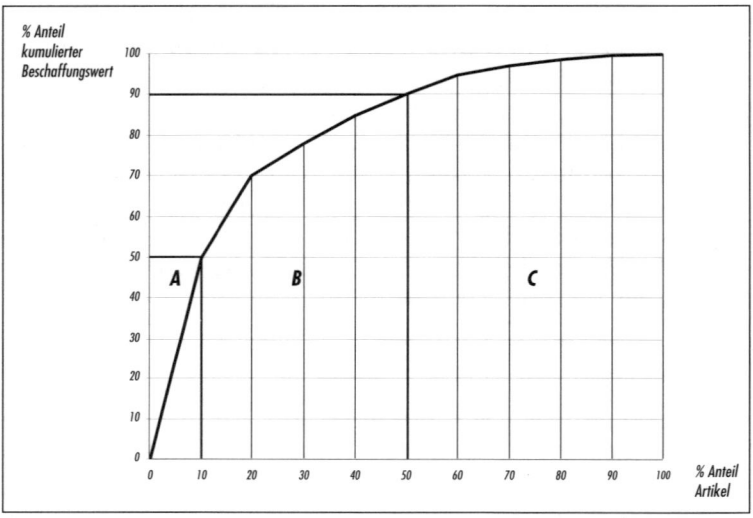

Erläuterungen:

Die Lorenz-Kurve zeigt, daß in aller Regel eine sehr geringe Anzahl Materialien einen Großteil des gesamten Jahresverbrauchs und damit des Beschaffungsvolumens abdeckt. Aufwendige Steuerungsmaßnahmen sollten Sie primär bei diesen A-Positionen anwenden, da hier das größte Einsparungspotential besteht.

Im Hinblick auf die Beschaffungsformen würde dies bedeuten, A-Teile so kurzfristig wie möglich zu beschaffen – die Lagerbestände also auf ein Minimum zu reduzieren. B-Teile disponieren Sie entsprechend Ihrem Produktionsplan in bestimmten Rhythmen. C-Teile sollten Sie selten (z. B. entsprechend ihrem Jahresbedarf) und nur in größeren Mengen einkaufen (geringe Kapitalbindung).

Auf Basis der ABC-Analyse lassen sich auch weitere Beschaffungskennzahlen bilden:

● Lieferantenanteil pro Artikel-Klasse:

$$\frac{\text{Lieferanten einer Artikel-Klasse}}{\text{Gesamtzahl der Lieferanten}} \times 100$$

Für A-Artikel sollten ihnen typischerweise mehrere Lieferanten zur Verfügung stehen. Da Sie diese Artikel ja möglichst kurzfristig beschaffen sollten, kann es bei beispielsweise nur einem Lieferanten schnell zu Liefertermin-Problemen kommen. Bei C-Artikeln reicht demgegenüber in aller Regel ein Lieferant aus.

- Mit dem Verhältnis bezahlter Preis zu Marktpreis kann die Leistungsfähigkeit der Einkaufsabteilung beurteilt werden:

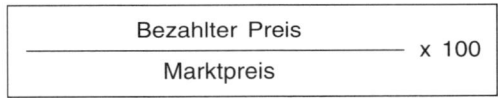

Diese Kennzahl ist insbesondere für A- und B-Güter mit typischerweise höchstem Beschaffungspreis interessant.

Die ABC-Analyse allein sagt jedoch noch nichts über die Wahl der geeigneten Verfahren zur Bedarfsermittlung aus. Hier hilft die XYZ-Analyse weiter.

XYZ-Analyse

Die XYZ-Analyse ist eine Ergänzung der ABC-Analyse im Bereich der Materialwirtschaft. Wie oben gezeigt, kann mit Hilfe der ABC-Analyse zum Beispiel eine Klassifikation nach dem Verbrauchswert der Materialien vorgenommen werden.

Die XYZ-Analyse gibt demgegenüber Aufschluß über die Verbrauchscharakteristik des Materialbedarfs. Sie ordnet die Materialien entsprechend ihrer Vorhersagegenauigkeit in nachstehende Klassen ein:

- X-Materialien: Konstanter Verbrauch, hohe Vorhersagegenauigkeit

- Y-Materialien: Saisonal schwankender Verbrauch, im Trend steigend oder fallend, mittlere Vorhersagegenauigkeit

- Z-Materialien: Völlig unregelmäßiger Verbrauch, geringe Vorhersagegenauigkeit

Die Ergebnisse der XYZ-Analyse könnten als alleinige Ent-
scheidungshilfe bei der Wahl der Beschaffungsart herangezogen werden. So wären X- wie A-Materialien, Y- wie B-Mate-
rialien und Z- wie C-Materialien zu beschaffen.

Praxis-Tip:

Ihre wahre Aussagekraft erhält die XYZ-Analyse aber in
Verbindung mit der ABC-Analyse. Maßnahmen zur Verbes-
serung der Materialbereitstellung bzw. zur Reduzierung der
Lagerhaltung sollten Sie zunächst auf Teile mit hohem
Verbrauchswert (A-Materialien) und hoher Vorhersagege-
nauigkeit (X-Materialien) konzentrieren. Demgegenüber
sollten Sie den Beschaffungsaufwand für Teile mit geringem
Verbrauchswert und geringer Vorhersagegenauigkeit (C-Z-
Materialien) minimieren.

5. Strategische Controlling-Instrumente

Wie eingangs bereits erläutert, unterstützen strategische Con-
trolling-Instrumente im Gegensatz zu den operativen Tools
Entscheidungen zur langfristigen Gestaltung Ihres Geschäfts.
In den nachstehenden Abschnitten stellen wir Ihnen folgende
Instrumente vor:

- Eigenfertigung oder Fremdbezug (Make-or-buy-Analyse)

- Gap-Analyse

- Portfolio-Analyse

- Benchmarking

- Konkurrenzanalyse

Eigenfertigung oder Fremdbezug

Produkte bzw. Dienstleistungen oder Teile davon können Sie
grundsätzlich entweder selbst herstellen bzw. erbringen oder
von anderen Unternehmen beziehen. Schon bei der Existenz-

gründung haben Sie folglich vielfach zwischen Eigenfertigung und Fremdbezug zu entscheiden. Damit legen Sie gleichzeitig die sogenannte Fertigungs- bzw. Verwaltungstiefe Ihres Unternehmens für längere Zeit fest:

- Fertigungstiefe: Anteil Ihres Unternehmens am gesamten Herstellungsprozeß eines Produktes

  - Automobilhersteller weisen typischerweise eine sehr geringe Fertigungstiefe auf (30–40 Prozent); der Löwenanteil wird von den Zulieferern erbracht.

  - Demgegenüber wickeln Ölkonzerne den gesamten Produktionsprozeß inklusive Logistik ab – von der Förderung bis zur Bereitstellung an den Tankstellen.

- Verwaltungstiefe: der von Ihnen selbst bewältigte Teil der Verwaltungsarbeiten (= administrative Arbeiten)

  Typische fremdbeziehbare Dienstleistungen sind zum Beispiel Gehaltsabrechnung, Buchhaltung, Bereitstellung und Verwaltung von Internet-Seiten, Forderungseinzug.

„Make-or-buy-Entscheidungen" werden Sie aber auch immer wieder im Laufe des Betriebsgeschehens zu treffen haben – etwa wenn

- Verträge auslaufen (Miet-, Arbeitsverträge).

- Zulieferer ihre Preise oder Lieferbedingungen stark verändern.

- Neu- oder Ersatz-Investitionen anstehen.

- sich Kostenstrukturen verändern.

- sich die Kapazitätsauslastung nachhaltig verringert bzw. erhöht.

- die Markt-Nachfrage zunimmt bzw. zurückgeht.

- verstärkt EDV-Leistungen benötigt werden und Sie dazu Know-how aufbauen müßten.

Vier Schritte zur Make-or-buy-Entscheidung

- Zusammenstellung der Alternativen: Halten Sie Ausschau nach allen Möglichkeiten, die sich Ihnen bieten – auch Mischformen, d. h. teilweisen Fremdbezug.

- Vorauswahl anhand sogenannter KO-Kriterien: Werden diese nicht erfüllt, scheidet die Alternative von vornherein aus und braucht nicht weiter verfolgt zu werden. Typische KO-Kriterien sind z. B. Qualitätsanforderungen, Maximal-Lieferzeiten, technische Beschränkungen usw.

- Bewertung der verbleibenden Varianten durch Kostenvergleich: Ermitteln Sie hierzu für jede Alternative diejenigen Kosten, die bei ihrer Verwirklichung neu anfallen würden – also nur die sogenannten relevanten Kosten. Die Gegenüberstellung der Kostensummen zeigt Ihnen (lediglich) die aus Finanzierungssicht günstigste Variante.

- Die kostengünstigste Variante muß aber noch nicht die insgesamt zweckmäßigste für Ihr Unternehmen sein. Die alleinige Entscheidung aufgrund von Kostenkriterien reicht folglich oftmals nicht aus. Wägen Sie auch alle anderen (qualitativen) Merkmale der einzelnen Alternativen gegeneinander ab (z. B. technischer Stand, Lieferzeit, Serviceleistungen des Lieferanten usw.).

Gap-Analyse

Welchen Umsatz oder Gewinn könnten Sie erzielen, wenn Sie alle Potentiale Ihres Unternehmens voll ausschöpfen würden? Und vor allem: Wie gelingt es Ihnen, von Ihrem jetzigen Niveau dorthin zu gelangen? – Mit der Beantwortung dieser beiden Fragen beschäftigt sich die Gap-Analyse. Um dieses strategische Instrument des Controlling für Sie nutzbar zu machen, gehen Sie wie folgt vor:

- Ermitteln Sie zunächst unter der Prämisse der Fortführung Ihrer für die kommenden Jahre gewählten Unternehmenspolitik die von Ihnen erwartete Entwicklung einer Zielgröße, z. B. Umsatz, Gewinn usw.

● Stellen Sie nun die von Ihnen gewünschte Entwicklung der Zielgröße gegenüber.

Achtung:

In der Regel besteht zwischen diesen beiden Zahlenreihen bzw. Kurven eine Lücke (gap). Sie müssen also Ihre Unternehmenspolitik auf Sicht anpassen, um die gewünschte Entwicklung der Zielgröße realisieren zu können.

Sie sehen bei der Gap-Analyse auf den ersten Blick, daß der gewünschten linearen Entwicklung Ihres Unternehmens eine degressive (absteigende) Entwicklung gegenübersteht, die eintreten kann, wenn Sie sich „ruhig verhalten".

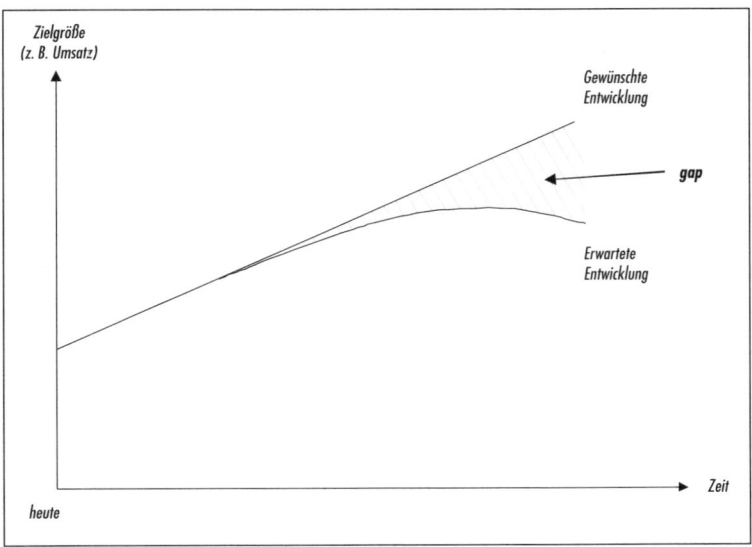

Damit sind Sie auch schon beim eigentlichen Zweck der Gap-Analyse; sie soll Sie in erster Linie für die Notwendigkeit operativer wie strategischer Veränderungen sensibilisieren: Während operative Lücken eher kurzfristig mit relativ geringem zeitlichen Aufwand zu schließen sind, z. B. unter Beibehaltung alter Produkte und Märkte durch Planungsverbesserungen, erfordert die Schließung einer strategische Lücke meist neue Produkte sowie die Erschließung neuer Märkte.

Sie werden bemerkt haben, daß die Gap-Analyse ein vergleichsweise grobes Instrument des strategischen Controlling darstellt, die lediglich unvollständige Antworten auf die eingangs gestellten Fragen zu geben vermag. Die Ursachen sind in der eindimensionalen und unvollständigen Reflexion der strategischen Stoßrichtungen sowie in der reinen Projektion gegenwärtiger Zustände in die Zukunft zu sehen, was in Zeiten einer stark dynamischen Unternehmensumwelt problematisch zu sein scheint.

Praxis-Tip:

Für den Fall, daß die Marktbedingungen in Ihrem speziellen Fall relativ konstant sind, können Sie die Gap-Analyse zumindest als Effizienzkontrolle sowie zum Anstoß von Veränderungsprozessen in Ihrem Unternehmen verwenden.

Wichtig:

Im Interesse einer höheren Aussagefähigkeit sollte die Gap-Analyse grundsätzlich durch andere Controlling-Instrumente, wie die nachfolgende Portfolio-Analyse, ergänzt werden.

Portfolio-Analyse

Sie werden den Begriff Portfolio aus dem Bereich der Geld- bzw. Vermögensanlage kennen. Zur Vermeidung unnötiger Risiken werden Wertpapiere nach bestimmten Kriterien, wie dem Erwartungswert der Kapitalrendite, ausgewählt und zu einem Portfeuille gebündelt. Diese Vorgehensweise zielt auf eine optimale Verzinsung des eingesetzten Kapitals.

In den siebziger Jahren haben zunächst amerikanische Unternehmen wie General Electric damit begonnen, den Portfolio-Ansatz zur Beantwortung strategischer Problemstellungen zu nutzen, indem sie sich folgende Fragen stellten:

- Wie ausgewogen sind unsere gegenwärtigen Geschäfte?

- Welche Erwartungen haben wir bezüglich der zukünftigen Entwicklung unserer Produkte?

- Welche Handlungsstrategien lassen sich auf der Grundlage der Ist-Analyse sowie der erwarteten Szenarien für die einzelnen Produkte bzw. für das gesamte Unternehmen ableiten?

Die in ihrer bekanntesten Form, der Marktanteils-/Marktwachstumsmatrix, von der Boston Consulting Group entwickelte Portfolio-Analyse zählt zu den weitverbreitetsten Analyse- und Planungsinstrumenten des strategischen Managements:

- Als Unternehmer werden Sie in die Lage versetzt, selbst ein nach zukünftigen Chancen und Risiken ausgewogenes Produkt/Marktprogramm zu bestimmen. Die Portfolio-Analyse eignet sich daher im Gegensatz zu anderen Instrumenten insbesondere für Unternehmen mit mehreren Produkten.

- Die Elemente der Analyse sind die sogenannten strategischen Geschäftsfelder (SGF), hinter denen sich Ihre Produkte bzw. Produktgruppen verbergen.

Wenn Sie sich die folgende Abbildung ansehen, werden Sie feststellen, daß die Einordnung der strategischen Geschäftsfelder nach zwei sogenannten kritischen Erfolgsfaktoren erfolgt:

- Chancen des jeweiligen strategischen Geschäftsfelds auf weiteres Marktwachstum

- Relativer Marktanteil, der die Stärken bzw. Schwächen des strategischen Geschäftsfelds gegenüber der Konkurrenz visualisiert.

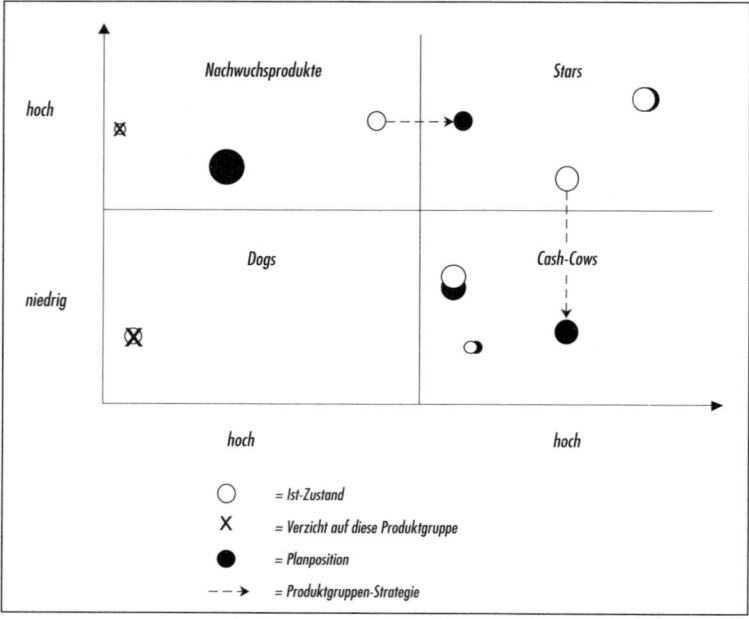

Erläuterungen:

Die Produkte sind durch kleine und große Kreise dargestellt. Dabei bildet der Kreisumfang das entsprechende Umsatzvolumen des Produkts ab. Plazieren Sie Ihre Produkte in einem Achsenkreuz mit den Erfolgsfaktoren Marktwachstum und Marktanteil, und Sie gewinnen rasch einen Überblick über die Chancen und Herausforderungen Ihrer Produktpalette:

- Nachwuchsprodukte (auch „?" „Question Marks" genannt) weisen zunächst einen geringen Marktanteil auf, lassen jedoch auf hohes Marktwachstum hoffen.
  - Gehen Sie selektiv vor!
  - Investitionen in diese Produkte lassen mittel- bis langfristig hohe Renditen erwarten!
- „Stars" verfügen über ein hohes Wachstumspotential sowie über eine führende Marktposition. Allerdings benötigen sie auch einen großen Teil ihrer Erträge für die Aufrechterhaltung bzw. Verbesserung ihrer Position in einem wachsenden Markt.
  - Fördern Sie diese Produkte!
  - Investitionen zahlen sich in der Regel aus!
- Die „Cash Cows" haben eine gefestigte Marktposition inne; sie erwirtschaften aufgrund ihres geringen Finanzbedarfs hohe Erträge. Die Aufwendungen für die Marktpflege halten sich also in Grenzen, demgegenüber ist aber auch das zu erwartende Marktwachstum begrenzt.
  - Versuchen Sie, die Position dieser strategischen Geschäftsfelder zu halten!
  - Schöpfen Sie die Gewinne ab, „melken" Sie Ihre Kühe!

- Freuen Sie sich, wenn Sie als Existenzgründer (noch) keine „Dogs" in Ihr Portfeuille einzeichnen müssen: Diese Problemprodukte operieren in schrumpfenden oder stagnierenden Märkten und erwirtschaften wegen ihrer schwachen Marktposition nur geringe Erträge bzw. sogar Verluste.
  - Investieren Sie ggf. nicht mehr in diese Produkte!
  - Liquidieren Sie, was noch übrig ist!

Neben der reinen Abbildung des Ist-Zustands will die Portfolio-Analyse auch den gewünschten Soll-Zustand darstellen, um hieraus alternative strategische Entscheidungen ableiten zu können. Nehmen Sie an, das Portfolio Ihres Unternehmens sei in der graphischen Darstellung abgebildet. Sie hätten dann zum Beispiel folgende Optionen:

- Sicherung hoher relativer Marktanteile in denjenigen Märkten, in denen Ihre Produkte über hohe Wachstumsraten verfügen. Sie werden Ihre Aktivitäten dementsprechend auf den Bereich Produktentwicklung konzentrieren und höhere Investitionen für diese Produktgruppe einplanen.

- Stärkung der Ertragskraft Ihres Unternehmens, indem Sie bei den Stars und Cash-Cow-Produkten durch zusätzliche Marketingaktivitäten eine Steigerung des Umsatzes herbeiführen.

Der Vier-Felder-Matrix der Boston Consulting Group steht die Neun-Felder-Matrix von McKinsey gegenüber, die eine Vielzahl quantitativer und qualitativer Faktoren als erfolgsbestimmend für die Unternehmensstrategie ansieht. Kritische Erfolgsfaktoren mit den Ausprägungen niedrig, mittel und hoch sind

- die Attraktivität des jeweiligen Marktes, in dem die einzelnen Produkte plaziert sind,

- die eigene Wettbewerbsposition im Verhältnis zu den Konkurrenten.

Die Matrix von McKinsey gestattet auf den ersten Blick detailliertere Aussagen über den Ist-Zustand sowie über die Auswahl der strategischen Instrumente, um den Soll-Zustand zu erreichen. Letztlich bleibt es Ihrem persönlichen Geschmack überlassen, welche der beiden Darstellungen Sie im Rahmen Ihrer strategischen Entscheidungsfindung wählen.

Benchmarking

Vergleichen Sie sich mit den Besten der Besten, auch außerhalb der eigenen Branche, und lernen Sie von ihnen! Mit Benchmarking als einer Methode zur kontinuierlichen Verbesserung verfügen Sie über ein Instrument, das Sie in die Lage versetzt, Ihre Produkte und Dienstleistungen, insbesondere aber Prozesse und Methoden betrieblicher Funktionen mit anderen Unternehmen zu vergleichen und deren Know-how für Ihr eigenes Unternehmen nutzbar zu machen. Benchmarking beschränkt sich aber nicht darauf,

- Unterschiede zu anderen Unternehmen aufzudecken und entsprechende Zielvorgaben abzuleiten,

- sondern schließt die Analyse der Ursachen für die Differenzen als zentralen Aspekt ein.

Erst wenn Sie wissen, warum überhaupt eine Diskrepanz zum Beispiel bezüglich der Effizienz Ihres Vertriebsbereichs und dem des Klassenbesten besteht, sind Sie in der Lage, sich mit der eigentlichen Ursache des Problems auseinanderzusetzen, anstatt Symptome zu kurieren. Dies erfordert natürlich umfangreiches Datenmaterial sowie Einblicke in die Denkweise und Struktur des Vergleichsunternehmens.

Prozeß des Benchmarking in drei Schritten

- Suchen Sie sich den „Klassenbesten" in der entsprechenden Disziplin.

- Ergründen Sie, worauf dessen Erfolg beruht.

- Bilden Sie auf Grundlage dieser Erfolgsanalyse des „Klassenbesten" eigenes Know-how für Ihr Unternehmen und erzielen Sie somit den entscheidenden Wettbewerbsvorsprung in Ihrem eigenen Markt!

Die Erweiterung der Betrachtung von Produkten auf Funktionen legt es nahe, daß Sie einen Vergleich nicht nur mit Ihren direkten Konkurrenten, sondern mit all jenen Unternehmen vornehmen, welche die entsprechenden Funktionen bzw. Aktivitäten besonders gut beherrschen, denn

- eine Fokussierung auf die Konkurrenz erlaubt Ihnen bestenfalls ein Gleichziehen.

- die besten Anregungen für effizienzsteigernde Neuerungen erhalten Sie – wie die Erfahrung zeigt – oftmals von Unternehmen einer völlig anderen Branche, da dort diesem Funktionsbereich ein höherer Stellenwert beigemessen wird.

- von Nicht-Konkurrenten erhalten Sie in der Regel einfacher und problemloser Informationen, während über die Wettbewerber meist nur wenige Daten zur Verfügung stehen.

- mit Nicht-Konkurrenten können Sie unkomplizierter in Erfahrungsaustausch treten, was für die Beantwortung der Frage, wie die anderen besser geworden sind als Ihr eigenes Unternehmen, nahezu unerläßlich ist.

Praxis-Tip:

Wenn Sie sich mit dem „Besten der Besten" vergleichen: Gehen Sie über den reinen Kostenvergleich hinaus! Versuchen Sie vielmehr, die zugrundeliegenden Prozesse zu verstehen. Erst damit schaffen Sie die Voraussetzung, von dem Vorsprung des anderen zu profitieren, dessen Know-how in eigenes Wissen umzusetzen und anzuwenden. Achten Sie darüber hinaus auf Faktoren, die heute besonders kritisch einzuschätzen sind:

- Wie ist der zeitliche Ablauf der Prozesse gestaltet?

- Wie wird die Qualitätssicherung von Prozessen und Produkten erreicht?

- Was wird unternommen, damit die Kunden zufrieden sind?

Ein wichtiger Unterschied zur Konkurrenzanalyse besteht darin, daß das Instrument Benchmarking nicht nur von Spezialisten aus Stabsbereichen, sondern von den Mitgliedern der zu vergleichenden Bereiche selbst genutzt wird.

Je nach Ausprägung des Vergleichs-Objekts lassen sich in der Praxis verschiedene Formen des Benchmarking unterscheiden. Einen Überblick liefert die folgende Tabelle.

Formen des Benchmarking			
Parameter	Ausprägung des Parameters		
Objekt	Produkte	Methoden	Prozesse
Zielgröße	Kosten	Qualität	Kunden-zufriedenheit	Zeit
Vergleichs-partner	andere Geschäftsbereiche	Konkurrenten	eigene Branche	fremde Branche

In jedem Fall können Sie anspruchsvolle und zugleich realistische, da von einem Wettbewerber gewonnene Zielvorgaben ermitteln. Auf diese Weise setzen Sie Ihre Ziele weder zu niedrig noch zu hoch an. Neben finanziellen Kennzahlen gewinnen darüber hinaus nicht-finanzielle Kennzahlen an Bedeutung, wobei sich teilweise erst innerhalb des eigentlichen Vergleichsprozesses herausstellt, welche Beurteilungsgrößen überhaupt geeignet sind: Im Benchmarking-Prozeß lernen Sie von Ihrem Partner, der das Problem eben bestens gelöst hat.

Erfolgsgeschichte schreibt das Benchmarking vor allem in den USA, wo seit Beginn der achtziger Jahre zahlreiche erfolgreiche Benchmarking-Projekte durchgeführt wurden. Anwendungen in Deutschland bilden in dieser expliziten Form eher die Ausnahme.

Konkurrenzanalyse

Gerade als Existenzgründer sollten Sie vor der Aufnahme Ihres Geschäftsbetriebs den Markt genau analysieren und Ihre Chancen entsprechend Ihrer relativen Position zu den potentiellen Wettbewerbern abschätzen. Bei der systematischen Erfassung der erforderlichen Informationen hilft Ihnen die Konkurrenzanalyse, die sich auf folgende Bereiche erstreckt:

- Darstellung der Wettbewerbsstruktur

- Ermittlung der strategischen Stoßrichtung

- Stärken-Schwächen-Untersuchung

- Bestimmung künftiger Profilierungsmöglichkeiten im Vergleich zur Konkurrenz

Zunächst ermitteln Sie, wie viele Unternehmen dieselbe oder eine vergleichbare Leistung anbieten. Grenzen Sie also den relevanten Markt ab. Er schließt alle Problemlösungen ein, gegen die Ihre Produkte bzw. Dienstleistungen austauschbar sind; man spricht in diesem Zusammenhang vom sogenannten Bedarfsmarktkonzept. Beachten Sie bitte, daß

- der relevante Markt eher weit abgegrenzt werden sollte, da zum Beispiel für ein bestimmtes Produkt unterschiedliche Materialien oder Vorleistungen zum Einsatz kommen können.

- Sie sich bei Vernachlässigung derartiger Umstände einer höheren Konkurrenz ausgesetzt sehen als ursprünglich angenommen.

Noch umfangreicher wird Ihre Darstellung der Wettbewerbsstruktur, wenn Sie mögliche spätere Neuzugänge auf dem für Sie relevanten Markt mit berücksichtigen. Zwar ist die Bundesrepublik Deutschland in bezug auf Direktinvestitionen aus dem Ausland nicht überdurchschnittlich attraktiv; rechnen Sie jedoch trotzdem jederzeit damit, daß Ihnen Niederlassungen bzw. Tochterfirmen ausländischer Unternehmen in Zukunft Marktanteile streitig machen könnten.

Die strategische Stoßrichtung Ihrer Konkurrenten spiegelt sich in deren Konkurrenzvorteil wider. In der Praxis dominieren die folgenden drei Strategien:

- Kostenführerschaft durch aggressives Preisverhalten und Volumengeschäfte

- auf die Bedarfsunterschiede verschiedener Käufersegmente zugeschnittene Marktbearbeitung

- Spezialisierung auf eine bestimmte Marktnische

Praxis-Tip:

Es versteht sich natürlich von selbst, daß Sie nicht versuchen sollten, Kostenführer auf Ihrem Gebiet zu werden, wenn die Verkaufspreise eines Konkurrenten für gleiche bzw. ähnliche Produkte oder Dienstleistungen unter Ihren Einkaufspreisen liegen. Suchen Sie in solchen Fällen nach einer Strategie, die Sie anderweitig abhebt.

Beispiel:

In Deutschland verfügen Unternehmen, die spezielle, individuell zugeschnittene Dienstleistungen abgestimmt auf die Produktpalette anbieten, nach wie vor über einen strategischen Vorteil, der in anderen Ländern seit Jahren in ungleich stärkerem Maße genutzt wird.

Die Stärken-Schwächen-Untersuchung basiert auf einem umfangreichen Katalog betrieblicher und marktbezogener Beurteilungskriterien. Nach Ermittlung der wichtigsten Konkurrenten verteilen Sie für deren Unternehmen sowie für Ihr eigenes Punkte für jedes einzelne Beurteilungskriterium. Sie erhalten eine Art Rangreihenfolge, deren Ausprägungen Sie zu Stärken-Schwächen-Profilen verbinden.

Praxis-Tip:

Auf der Basis der bisherigen Erkenntnisse der Konkurrenzanalyse können Sie nun zukünftige erfolgversprechende Profilierungsmöglichkeiten gegenüber Ihren Konkurrenten bestimmen.

Hilfreiche Adressen

6

1. Allgemeine Informationen und Beratung zur Existenzgründung

Bundesministerium für Wirtschaft (BMWi)
Villemombler Str. 76
53123 Bonn
Tel. 02 28/6 15-0
Fax 02 28/6 15-44 36

Dienstbereich Berlin
Scharnhorststr. 36
10115 Berlin
Tel. 0 30/20 14-9
Fax 0 30/20 14 70 10
Bürgertelefon: 0 30/20 14-76 48/49
Fax 0 30/20 14-70 33

Arbeitsgemeinschaft Selbständiger Unternehmer e. V. (ASU)
Mainzer Str. 238
53179 Bonn
Tel. 02 28/9 54 59-0
Fax 02 28/9 54 59-90

Bundesverband Deutscher Unternehmensberater e. V. (DBU)
Friedrich-Wilhelm-Str. 2
53113 Bonn
Tel. 02 28/23 80 55
Fax 02 28/23 06 25

Bundesverband der Wirtschaftsberater BVW e. V.
Lerchenweg 14
53909 Zülpich
Tel. 0 22 52/8 13 61
Fax 0 22 52/29 10

Institut für Betriebsberatung, Wirtschaftsförderung und -forschung e. V.
Berliner Freiheit 36
53111 Bonn
Tel. 02 28/69 20 71
Fax 02 28/65 29 73

Vereinigung beratender Betriebs- und Volkswirte e. V.
Holstenstr. 15
25335 Elmshorn
Tel. 0 41 21/2 52 52
Fax 0 41 21/2 58 67

Vereinigung Mittelständischer Unternehmer e. V.
Elisabethenstr. 34
80796 München
Tel. 0 89/33 41 85
Fax 0 89/33 31 86

Bundesverband mittelständische Wirtschaft – Unternehmervbd. Deutschlands e. V.
Berliner Freiheit 36
53111 Bonn
Tel. 02 28/69 20 71
Fax 02 28/65 29 73

Unternehmerverband mittelständischer Wirtschaft e. V.
Löhrstr. 125
56068 Koblenz
Tel. 02 61/3 35 41
Fax 02 61/1 76 89

Deutscher Existenzgründer-Verband (DEV)
Violenstr. 39
28195 Bremen
Tel. 04 212/33 79 77 74

Bund der Selbständigen Deutscher Gewerbe-verband e. V.
Heilsbachstr. 32
53123 Bonn
Tel. 02 28/64 30-72,-73,-74
Fax 02 28/74 79 42

Europaverband der Selbstän-digen Bundesverband Deutschland e. V.
Oberbexbacher Str. 7
66450 Bexbach
Tel. 0 68 26/14 70
Fax 0 68 26/5 09 04

Bundesarchitektenkammer/ Bundesgemeinschaft der Architektenkammer (KdöR)
Königswinterer Str. 709
53227 Bonn
Tel. 02 28/9 70 82-0
Fax 02 28/44 27 60

Bundes-Ingenieurkammer
Habsburger Str. 2
53173 Bonn
Tel. 02 28/9 57 46-0
Fax 02 28/9 57 46 16

Alt hilft Jung e. V. Bundesarbeitsgemeinschaft der Senior-Experten
Kennedyallee 62–70
(DSL-Gebäude)
53175 Bonn
Tel. 02 28/88 92 36
Fax 02 28/88 93 48

Senior Experten Service (SES)
Buschstr. 2
53113 Bonn
Tel. 02 28/2 60 90-0
Fax 02 28/2 60 90-77

Bundesverband Junger Unternehmer der ASU e. V. (BJU)
Mainzer Str. 238
53179 Bonn
Tel. 02 28/9 54 59-0
Fax 02 28/9 54 59-90

Wirtschaftsjunioren Deutschland (WJD)
Adenauerallee 148
53113 Bonn
Tel. 02 28/1 04-5 14
Fax 02 28/1 04-1 77

Bundesverband Unternehmer-frauen im Handwerk e. V. c/o Landesgewerbeamt Baden-Württemberg
Postfach 41 69
76026 Karlsruhe
Tel. 07 21/9 26 40 10
Fax 07 21/9 26 40 20

Verband deutscher Unterneh-merinnen e. V. (VdU)
Gustav-Heinemann-Ufer 94
50968 Köln
Tel. 02 21/37 50-74,-75
Fax 02 21/34 31 71

Bundesstelle für Außenhan-delsinformationen (BfAI)
Agrippastr. 87–93
50676 Köln
Tel. 02 21/20 57-0
Fax 02 21/75-2 12, -2 62,
-2 75

2. Industrie- und Handelskammern (IHK)

Deutscher Industrie- und Handelstag (DIHT)
Adenauerallee 148
53113 Bonn
Tel. 02 28/1 04-0
Fax 02 28/1 04-1 58

IHK zu Aachen
Theaterstr. 6–10
53113 Bonn
Tel. 02 41/44 60-0
Fax 02 41/44 60-2 59

IHK für das südöstliche Westfalen Arnsberg
Königstr. 18–20
59821 Arnsberg
Tel. 0 29 31/87 80
Fax 0 29 31/2 14 27

IHK Aschaffenburg
Kerschensteinerstr. 9
63741 Aschaffenburg
Tel. 0 60 21/8 80-0
Fax 0 60 21/8 79 81

IHK für Augsburg und Schwaben
Stettenstr. 1 und 3
86150 Augsburg
Tel. 08 21/31 62-0
Fax 08 21/31 62-3 23

IHK für Oberfranken Bayreuth
Bahnhofstr. 25–27
95444 Bayreuth
Tel. 09 21/8 86-0
Fax 09 21/1 27 78

IHK zu Berlin
Hardenbergstr. 16–18
10623 Berlin
Tel. 0 30/3 15 10-0
Fax 0 30/3 15 10-2 78

IHK Ostwestfalen zu Bielefeld
Elsa-Brändström-Str. 1–3
33602 Bielefeld
Tel. 05 21/5 54-0
Fax 05 21/5 54-2 19

IHK zu Bochum
Ostring 30–32
44787 Bochum
Tel. 02 34/91 13-0
Fax 02 34/91 13-1 10

IHK Bonn
Bonner Talweg 17
53113 Bonn
Tel. 02 28/22 84-0
Fax 02 28/22 84-1 70

IHK Braunschweig
Brabandtstr. 11
38100 Braunschweig
Tel. 05 31/47 15-0
Fax 05 31/47 15-2 99

IHK Bremen
Am Markt 13
28195 Bremen
Tel. 04 21/36 37-0
Fax 04 21/36 37-2 99

IHK Bremerhaven
Friedrich-Ebert-Str. 6
27570 Bremerhaven
Tel. 04 71/9 24 60-0
Fax 04 71/9 24 60 90

IHK Südwestsachsen
Chemnitz-Plauen-Zwickau
Straße der Nationen 25
09111 Chemnitz
Tel. 03 71/6 90 00
Fax 03 71/64 30 18

IHK zu Coburg
Schloßplatz 5
Palais Edingburg
96450 Coburg
Tel. 0 95 61/74 26-0
Fax 0 95 61/74 26 50

IHK Cottbus
Goethestr. 1
03046 Cottbus
Tel. 03 55/3 65-0
Fax 03 55/3 65-2 66

IHK Darmstadt
Rheinstr. 89
64295 Darmstadt
Tel. 0 61 51/8 71-0
Fax 0 61 51/8 71-2 81

IHK Lippe zu Detmold
Willi-Hofmann-Str. 5
32756 Detmold
Tel. 0 52 31/76 01-0
Fax 0 52 31/76 01 57

IHK zu Dillenburg
Wilhelmstr. 10
35683 Dillenburg
Tel. 0 27 71/9 05 0
Fax 0 27 71/9 05 28

IHK zu Dortmund
Märkische Str. 120
44141 Dortmund
Tel. 02 31/54 17 0
Fax 02 31/54 17-109

IHK Dresden
Niedersedlitzer Str. 63
01257 Dresden
Tel. 03 51/28 02 0
Fax 03 51/28 02 280

IHK zu Düsseldorf
Ernst-Schneider-Platz 1
40212 Düsseldorf
Tel. 02 11/35 57 0
Fax 02 11/3 55 74 00

**Niederrheinische IHK
Duisburg – Wesel –
Kleve zu Duisburg**
Mercatorstr. 22/24
47051 Duisburg
Tel. 02 03/28 21-0
Fax 02 03/26 533

**IHK für Ostfriesland
und Papenburg**
Ringstr. 4
26721 Emden
Tel. 0 49 21/89 01-0
Fax 0 49 21/89 01 33

IHK Erfurt
Weimarische Str. 45
99099 Erfurt
Tel. 03 61/34 84 0
Fax 03 61/34 84 299

**IHK für Essen,
Mühlheim a. d. Ruhr,
Oberhausen zu Essen**
Am Waldthausenpark 2
45127 Essen
Tel. 02 01/18 92-0
Fax 02 01/20 78 66

IHK zu Flensburg
Heinrichstr. 28–34
24937 Flensburg
Tel. 04 61/8 06-0
Fax 04 61/80 61 71

IHK Frankfurt am Main
Börsenplatz
60313 Frankfurt am Main
Tel. 0 69/21 97 0
Fax 0 69/21 97-4 24

IHK Frankfurt/Oder
Humboldtstr. 3
15230 Frankfurt/Oder
Tel. 03 35/56 21 0
Fax 03 35/5 62 12 54, 32 54 92

IHK Südlicher Oberrhein
Schnewlinstr. 11–13
79098 Freiburg
Tel. 07 61/38 58-0
Fax 07 61/38 58-2 22

IHK Friedberg (Hessen)
Goetheplatz 3
61169 Friedberg
Tel. 0 60 31/6 09-0
Fax 0 60 31/60 91 80

IHK Fulda
Heinrichstr. 8
36037 Fulda
Tel. 06 61/2840
Fax 06 61/2 84 44

IHK Ostthüringen zu Gera
Humboldtstr. 14
07548 Gera
Tel. 03 65/85 53 0
Fax 03 65/8 55 32 90

IHK Gießen
Lonystr. 7
35390 Gießen
Tel. 06 41/79 54-0
Fax 06 41/75 91 4

Südwestfälische IHK
Bahnhofstr. 18
58095 Hagen
Tel. 0 23 31/3 90-0
Fax 0 23 31/1 35 86

IHK Halle Dessau
Georg-Schumann-Platz 5
06110 Halle
Tel. 03 45/2 12 60
Fax 03 45/2 02 96 49

Handelskammer Hamburg
Adolpsplatz 1
20457 Hamburg
Tel. 0 40/36 13 80
Fax 0 40/36 13 84 01

**IHK Hanau –
Gelnhausen-Schlüchtern**
Am Pedro-Jung-Park 14
63450 Hanau
Tel. 0 61 81/92 90 0
Fax 0 61 81/92 90 77

IHK Hannover – Hildesheim
Schiffgraben 49
30175 Hannover
Tel. 05 11/31 07-0
Fax 05 11/3 10 73 33

IHK Ostwürttemberg
Ludwig-Erhard-Str. 1
89520 Heidenheim
Tel. 0 73 21/3 24-0
Fax 0 73 21/3 24-1 69

IHK Heilbronn
Rosenbergstr. 8
74072 Heilbronn
Tel. 0 71 31/96 77-0
Fax 0 71 31/96 77-1 99

IHK Karlsruhe
Lammstr. 13–17
76133 Karlsruhe
Tel. 07 21/17 40
Fax 07 21/17 42 90

IHK Kassel
Kurfürstenstr. 9
34117 Kassel
Tel. 05 61/7 89 10
Fax 05 61/7 89 12 90

IHK zu Kiel
Lorentzdamm 24
24103 Kiel
Tel. 04 31/51 94-0
Fax 04 31/51 94-2 34

IHK zu Koblenz
Schloßstr. 2
56068 Koblenz
Tel. 02 61/10 60
Fax 02 61/10 62 34

IHK zu Köln
Untere Sachsenhausen 10–26
50667 Köln
Tel. 02 21/1 64 00
Fax 02 21/1 64 01 23

IHK Hochrhein – Bodensee
Schützenstr. 8
78462 Konstanz
Tel. 0 75 31/28 60-0
Fax 0 75 31/28 60-70,-62

**IHK Mittlerer Niederrhein
Krefeld – Mönchengladbach –
Neuss**
Nordwall 39
47798 Krefeld
Tel. 0 21 51/63 50
Fax 0 21 51/63 51 38

IHK Leipzig
Goerdelerring 5
04109 Leipzig
Tel. 03 41/1 26 70
Fax 03 41/1 26 74 21

IHK Limburg
Walderdorffstr. 7
65549 Limburg
Tel. 0 64 31/80 91 94
Fax 0 64 31/2 51 90

IHK Lindau/Bodensee
Maximilianstr. 1
88131 Lindau
Tel. 0 83 82/40 94, 40 95
Fax 0 83 82/40 75

**IHK für die Pfalz in
Ludwigshafen am Rhein**
Ludwigsplatz 2/3
67059 Ludwigshafen
Tel. 06 21/59 04-0
Fax 06 21/59 04-1 66

IHK zu Lübeck
Breite Str. 6–8
23552 Lübeck
Tel. 04 51/70 85 01
Fax 04 51/7 08 52 84

IHK Lüneburg-Wolfsburg
Am Sande 1
21335 Lüneburg
Tel. 0 41 31/74 2-0
Fax 0 41 31/74 2-1 80

IHK Magdeburg
Alter Markt 8
39104 Magdeburg
Tel. 03 91/56 93 0
Fax 03 91/5 69 31 05

IHK für Rheinhessen
Schillerplatz 7
55116 Mainz
Tel. 0 61 31/2 62-0
Fax 0 61 31/26 21 69

**IHK Rhein-Neckar
in Mannheim**
L 1,2
68161 Mannheim
Tel. 06 21/17 09-0
Fax 06 21/17 09-1 00

**IHK München
und Oberbayern**
Max-Josef-Str. 2
80333 München
Tel. 0 89/51 16-0
Fax 0 89/51 16-3 06

IHK zu Münster
Sentmaringer Weg 61
48151 Münster
Tel. 02 51/70 70
Fax 02 51/70 73 25

IHK zu Neubrandenburg
Katharinenstr. 48
17033 Neubrandenburg
Tel. 03 95/55 97 0
Fax 03 95/5 59 75 10

IHK Nürnberg
Hauptmarkt 25–27
90403 Nürnberg
Tel. 09 11/13 35-0
Fax 09 11/13 35-2 00

IHK Offenbach am Main
Platz der Deutschen Einheit 5
63065 Offenbach am Main
Tel. 0 69/82 07 0
Fax 0 69/82 07-199

Oldenburgische IHK
Moslestr. 6
26122 Oldenburg
Tel. 04 41/22 20-0
Fax 04 41/22 20-111

IHK Osnabrück-Emsland
Neuer Graben 38
49074 Osnabrück
Tel. 05 41/35 30
Fax 05 41/35 31 71

**IHK für Niederbayern
in Passau**
Nibelungenstr. 15
94032 Passau
Tel. 08 51/507 0
Fax 08 51/507 280

IHK Nordschwarzwald
Dr. Brandenburg-Str. 6
75173 Pforzheim
Tel. 0 72 31/201 0
Fax 0 72 31/201 158

IHK Potsdam
Große Weinmeisterstr. 59
14469 Potsdam
Tel. 03 31/27 86 0
Fax 03 31/27 86-111

IHK Regensburg
Dr. Martin-Luther-Str. 12
93047 Regensburg
Tel. 09 41/56 94 0
Fax 09 41/56 94 279

IHK Reutlingen
Hindenburgstr. 54
72762 Reutlingen
Tel. 0 71 21/20 10
Fax 0 71 21/20 11 81

IHK Rostock
Ernst-Barlach-Str. 7
18055 Rostock
Tel. 03 81/33 80
Fax 03 81/4 59 11 56

IHK des Saarlandes
Franz-Josef-Röder-Str. 9
66119 Saarbrücken
Tel. 06 81/95 20-0
Fax 06 81/95 20-8 88

IHK zu Schwerin
Schloßstr. 17
19053 Schwerin
Tel. 03 85/51 03-0
Fax 03 85/51 03-1 36

IHK Siegen
Koblenzer Str. 121
57072 Siegen
Tel. 02 71/33 02-0
Fax 02 71/33 02 37

IHK Stade
für den Elbe-Weser-Raum
Am Schäferstieg 2
21680 Stade
Tel. 04 14 1/52 40
Fax 04 14 1/52 41 11

IHK Region Stuttgart
Jägerstr. 30
70174 Stuttgart
Tel. 07 11/20 05-0
Fax 07 11/20 05-3 54

IHK Südthüringen Suhl
Hauptstr. 33
98529 Suhl
Tel. 0 36 81/36 20
Fax 0 36 81/36 21 00

IHK Trier
Kornmarkt 6
54290 Trier
Tel. 06 51/97 77-0
Fax 06 51/97 77-153

IHK Ulm
Olgastr. 101
89073 Ulm
Tel. 07 31/17 30
Fax 07 31/17 31 73

IHK Schwarzwald-Baar-
Heuberg
Romäusring 4
78050 Villingen-Schwenningen
Tel. 0 77 21/92 20
Fax 0 77 21/92 21 66

IHK Bodensee –
Oberschwaben
Lindenstr. 2
88250 Weingarten
Tel. 07 51/4090
Fax 07 51/409-159

IHK Wetzlar
Friedenstr. 2
35578 Wetzlar
Tel. 0 64 41/94 48 0
Fax 0 64 41/94 48 33

IHK Wiesbaden
Wilhelmstr. 24–26
65183 Wiesbaden
Tel. 06 11/15 00-0
Fax 06 11/37 72 71

IHK Würzburg –
Schweinfurt
Mainaustr. 33
97082 Würzburg
Tel. 09 31/41 94-0
Fax 09 31/41 94-1 00

IHK Wuppertal –
Solingen – Remscheid
Heinrich-Kamp-Platz 2
42103 Wuppertal
Tel. 02 02/24 90-0
Fax 02 02/24 90-9 99

3. Handwerkskammern (HWK)

HWK Aachen
Sandkaulbach 21
52062 Aachen
Tel. 02 41/4 71-0
Fax 02 41/4 71-1 03

HWK Arnsberg
Brückenplatz 1
59821 Arnsberg
Tel. 0 29 31/8 77-0
Fax 0 29 31/8 77-60

HWK für Schwaben
Schmiedberg 4
86162 Augsburg
Tel. 08 21/32 59-2 12
Fax 08 21/32 59 2 71

HWK für Ostfriesland
Straße des Handwerks 2
26603 Aurich
Tel. 0 49 41/17 97 0
Fax 0 49 41/17 97 40

HWL für Oberfranken
Kerschensteinerstr. 7
95448 Bayreuth
Tel. 09 21/9 10-0
Fax 09 21/9 10-3 49

HWK Berlin
Blücherstr. 68
10961 Berlin
Tel. 0 30/2 59 03-01
Fax 0 30/2 59 03 235

**HWK Ostwestfalen –
Lippe zu Bielefeld**
Obernstr. 48
33602 Bielefeld
Tel. 05 21/5 20 97-0
Fax 05 21/5 20 97 67

HWK Braunschweig
Burgplatz 2
38100 Braunschweig
Tel. 05 31/4 80 13 0
Fax 05 31/4 80 13 57

HWK Bremen
Ansgaritorstr. 24
28195 Bremen
Tel. 04 21/3 05 00-0
Fax 04 21/3 05 00 10

HWK Chemnitz
Aue 13
09112 Chemnitz
Tel. 03 71/91 07 11
Fax 03 71/30 29 30

HWK Coburg
Hinterer Floßanger 6
96450 Coburg
Tel. 0 95 61/5 17-0
Fax 0 95 61/68 58 6

HWK Cottbus
Altmarkt 17
03046 Cottbus
Tel. 03 55/78 35 0
Fax 03 55/31 22 0

**HWK Rhein-Main
Hauptverwaltung Darmstadt**
Hindenburgstr. 1
64295 Darmstadt
Tel. 0 61 51/30 07-0
Fax 0 61 51/31 83 75

HWK Dortmund
Reinoldistr. 7–9
44135 Dortmund
Tel. 02 31/54 93 0
Fax 02 31/54 93 115/116

HWK Dresden
Wiener Str. 43
01219 Dresden
Tel. 03 51/46 40-30

HWK Düsseldorf
Georg-Schulhoff-Platz 1
40221 Düsseldorf
Tel. 02 11/87 95-0
Fax 02 11/87 95 110

HWK Erfurt
Fischmarkt 13
99084 Erfurt
Tel. 03 61/6 70 70
Fax 03 61/6 42 28 96

HWK Flensburg
Johanniskirchhof 1
24937 Flensburg
Tel. 04 61/8 66-0
Fax 04 61/8 66 1 10

HWK Rhein/Main
Hauptverwaltung Frankfurt/
Main
Bockenheimer Landstr. 21
60325 Frankfurt/Main
Tel. 0 69/71 00 01-0
Fax 0 69/72 26 90

HWK Frankfurt/Oder
Bahnhofstr. 12
15230 Frankfurt/Oder
Tel. 03 35/5 61 90
Fax 03 35/53 50 11

HWK Freiburg
Bismarckallee 6
79098 Freiburg
Tel. 07 61/21 80 00
Fax 07 61/28 94 47

HWK Ostthüringen
Handwerksstr. 5
07545 Gera
Tel. 03 65/8 22 50
Fax 03 65/8 22 51 99

HWK Halle/Saale
Gräfestr. 24
06110 Halle/Saale
Tel. 03 45/7 79 10
Fax 03 45/77 91-2 00

HWK Hamburg
Holstenwall 12
20355 Hamburg
Tel. 0 40/3 59 05-1
Fax 0 40/3 59 05-2 08

HWK Hannover
Berliner Allee 17
30175 Hannover
Tel. 05 11/3 48 59-0
Fax 05 11/3 48 59-88

HWK Heilbronn
Allee 76
74072 Heilbronn
Tel. 0 71 31/7 91-1 02
Fax 0 71 31/7 91-2 00

HWK Hildesheim
Braunschweiger Str. 53
31134 Hildesheim
Tel. 0 51 21/1 62-0
Fax 0 51 21/3 38 36

HWK der Pfalz
Am Altenhof 15
67655 Kaiserslautern
Tel. 06 31/36 77-0
Fax 06 31/36 77-1 80

HWK Karlsruhe
Friedrichsplatz 4–5
76133 Karlsruhe
Tel. 07 21/1 64-0
Fax 07 21/1 64 91

HWK Kassel
Scheidemannplatz 2
34117 Kassel
Tel. 05 61/78 88-0
Fax 05 61/78 88-1 65

HWK Koblenz
Friedrich-Ebert-Ring 33
56068 Koblenz
Tel. 02 61/3 98-0
Fax 02 61/3 98-2 82

HWK zu Köln
Heumarkt 12
50667 Köln
Tel. 02 21/20 22-1
Fax 02 21/20 22-3 60

HWK Konstanz
Webersteig 3
78462 Konstanz
Tel. 0 75 31/2 05-0
Fax 0 75 31/1 64 68

HWK Leipzig
Lessingstr. 7
04109 Leipzig
Tel. 03 41/2 18 8-0
Fax 03 41/9 80 28 73

HWK Lübeck
Breite Str. 10–12
23552 Lübeck
Tel. 04 51/15 06-0
Fax 04 51/15 06-1 80

HWK Lüneburg-Stade
Friedenstr. 6
21335 Lüneburg
Tel. 0 41 31/7 12-0
Fax 0 41 31/4 47 24

HWK Magdeburg
Humboldtstr. 16
39112 Magdeburg
Tel. 03 91/62 68-0
Fax 03 91/62 68-1 10

HWK Rheinhessen
Göttelmannstr. 1
55130 Mainz
Tel. 0 61 31/99 92-0
Fax 0 61 31/99 92-63

HWK Mannheim
B 1, 1–2
68159 Mannheim
Tel. 06 21/1 80 02-0
Fax 06 21/1 80 02-57

**HWK für München
und Oberbayern**
Max-Josef-Str. 4
80333 München
Tel. 0 89/51 19-0
Fax 0 89/5 19-2 95

HWK Münster
Bismarckallee 1
48151 Münster
Tel. 02 51/52 03-0
Fax 02 51/52 03-1 29

HWK Neubrandenburg
Friedrich-Engels-Ring 11
17033 Neubrandenburg
Tel. 03 95/5 59 30
Fax 03 95/5 59 31 69

HWK für Mittelfranken
Sulzbacher Str. 11–15
90489 Nürnberg
Tel. 09 11/53 09-0
Fax 09 11/53 09-2 88

HWK Oldenburg
Theaterwall 30–32
26122 Oldenburg
Tel. 04 41/2 32-0
Fax 04 41/2 32-2 18

HWK Osnabrück – Emsland
Bramscher Str. 134–136
49088 Osnabrück
Tel. 05 41/69 29-0
Fax 05 41/69 29-2 90

**HWK Niederbayern/Oberpfalz
Hauptverwaltung Passau**
Nikolastr. 10
94032 Passau
Tel. 08 51/53 01-0
Fax 08 51/53 01-1 15

HWK Potsdam
Charlottenstr. 34–36
14467 Potsdam
Tel. 03 31/3 70 30
Fax 03 31/29 23 77

**HWK Niederbayern/Oberpfalz
Hauptverwaltung Regensburg**
Ditthornstr. 10
93055 Regensburg
Tel. 09 41/79 65-0
Fax 09 41/79 65-1 03

HWK Reutlingen
Hindenburgstr. 58
72762 Reutlingen
Tel. 0 71 21/24 12-0
Fax 0 71 21/24 12-27

HWK Rostock
August-Bebel-Str. 104
18055 Rostock
Tel. 03 81/45 49-0
Fax 03 81/4 92 29 73

HWK des Saarlandes
Hohenzollernstr. 47–49
66117 Saarbrücken
Tel. 06 81/58 09-0
Fax 06 81/58 09-1 77

HWK Schwerin
Friedenstr. 4A
19053 Schwerin
Tel. 03 85/74 17-0
Fax 03 85/71 60 51

HWK Region Stuttgart
Heilbronner Str. 43
70191 Stuttgart
Tel. 07 11/16 57-0
Fax 07 11/16 57-2 22

HWK Südthüringen
Rosa-Luxemburg-Str. 9
98527 Suhl
Tel. 0 36 81/37 00
Fax 0 36 81/37 02 90

HWK Trier
Loebstr. 18
54292 Trier
Tel. 06 51/2 07-0
Fax 06 51/2 07-1 15

HWK Ulm
Olgastr. 72
89073 Ulm
Tel. 07 31/14 25-0
Fax 07 31/14 25-20

HWK Wiesbaden
Bahnhofstr. 63
65185 Wiesbaden
Tel. 06 11/13 60
Fax 06 11/13 61 55

HWK für Unterfranken
Rennweger Ring 3
97070 Würzburg
Tel. 09 31/3 09 08-0
Fax 09 31/3 09 08-53

4. Das Rationalisierungskuratorium der Deutschen Wirtschaft e. V. (RKW)

Zentrale
Düsseldorfer Str. 40
65760 Eschborn
Tel. 0 61 96/4 95-1
Fax 0 61 96/4 95-3 03

RKW Baden-Württemberg
Königsstr. 49
70173 Stuttgart
Tel. 07 11/2 29 98-0
Fax 07 11/2 29 98-10

RWK Bayern
Gustav-Heinemann-Ring 212
81739 München
Tel. 0 89/67 00 40-0
Fax 0 89/67 00 40-40

RKW – Büro Nürnberg
Aufseßplatz 21
90459 Nürnberg
Tel. 09 11/43 90 40
Fax 09 11/4 46 85 53

RKW Berlin
Rankestr. 5–6
10789 Berlin
Tel. 0 30/88 44 80-0
Fax 0 30/88 44 80-25

RKW Brandenburg
Zeppelinstr. 136 (Persius-Speicher)
14471 Potsdam
Tel. 03 31/9 67 45-0
Fax 03 31/9 67 45-20

RKW Bremen
Balgebrückstr. 3–5
28195 Bremen
Tel. 04 21/32 34 64-0
Fax 04 21/32 62 18

RKW Hamburg
Heilwigstr. 33
20249 Hamburg
Tel. 0 40/4 60 20 87
Fax 0 40/48 20 32

RKW Hessen
Düsseldorfer Str. 40
65760 Eschborn
Tel. 0 61 96/4 95-3 57
Fax 0 61 96/4 95-3 68

RKW – Büro Kassel
Lilienthalstr. 25
34123 Kassel
Tel. 05 61/5 33 36
Fax 05 61/57 38 30

RKW Niedersachsen
Friesenstr. 14
30161 Hannover
Tel. 05 11/3 38 03-0
Fax 05 11/3 38 03-38

RKW – Büro Osnabrück
Große Hamkenstr. 32B
49074 Osnabrück
Tel. 05 41/3 31 40 14
Fax 05 41/26 08 00

**RKW Nord-Ost
Geschäftsstelle Schleswig-Holstein**
Holtenauer Str. 94
24105 Kiel
Tel. 04 31/56 30 75,-76
Fax 04 31/56 82 50

RKW Nord-Ost
Geschäftsstelle Mecklenburg-
Vorpommern
Joachim-Jungius-Str. 9
18059 Rostock
Tel. 03 81/40 59-4 02
Fax 03 81/40 59-4 03

RKW Nordrhein-Westfalen
Sohnstr. 70
40237 Düsseldorf
Tel. 02 11/6 80 01-0
Fax 02 11/6 80 01-68

RKW Rheinland-Pfalz
Schillerstr. 26–28
55116 Mainz
Tel. 0 61 31/2 86 61-0
Fax 0 61 31/2 86 61-9

RKW – Geschäftsstelle
Saarland
Franz-Josef-Röder-Str. 9
66119 Saarbrücken
Tel. 06 81/95 20-0
Fax 06 81/5 84 61 25

RKW Sachsen
Ledenweg 2
01445 Radebeul
Tel. 03 51/78 22 22
Fax 03 51/7 43 47

RKW Sachsen-Anhalt
Tismarstr. 20
39108 Magdeburg
Tel. 03 91/3 29 04
Fax 03 91/3 57 54

RKW Thüringen
Weimarische Str. 45
99099 Erfurt
Tel. 03 61/3 48 41 10
Fax 03 61/3 48 42 77

5. Informationen über Finanzierung und Förderhilfen

Deutsche Ausgleichsbank (DtA)
Wielandstr. 4
53170 Bonn
Info-Line 02 28/8 31-24 00
Fax 02 28/8 31 25 59

Deutsche Ausgleichsbank
Niederlassung Berlin
Sarrazinstr. 11–15
12159 Berlin
Tel. 0 30/8 50 85-0
Fax 0 30/8 50 85-2 99

Partnerschaftskapital-Agentur
der DtA
Sarrazinstr. 11–15
12159 Berlin
Tel. 0 30/8 50 85-0
Fax 0 30/8 50 85-2 99

Kreditanstalt für
Wiederaufbau (KfW)
Palmengartenstr. 5–9
60325 Frankfurt/Main
Tel. 0 69/74 31-0
Fax 0 69/74 31 29 44

**Verband
der Bürgschaftsbanken**
Muhliusstr. 38
24103 Kiel
Tel. 04 31/59 38-0
Fax 04 31/59 38-1 60

**Bürgschaftsbank
Baden-Württemberg GmbH**
Werastr. 15
70182 Stuttgart
Tel. 07 11/16 45-6
Fax 07 11/16 45-8 88

**Bayerische Garantiegemein-
schaft mbH für mittel-
ständische Beteiligungen**
Königinstr. 17
80539 München
Tel. 0 89/2 12 40
Fax 0 89/21 24 24 55

**Kreditgarantiegemeinschaft
des bayerischen Handwerks
GmbH**
Max-Josef-Str. 4
80333 München
Tel. 0 89/55 72 65
Fax 0 89/55 72 22

**Kreditgarantiegemeinschaft
für den Handel in Bayern
GmbH**
Brienner Str. 45
80333 München
Tel. 0 89/55 11 81 36
Fax 0 89/59 41 86

**Kreditgarantiegemeinschaft
des Hotel- und Gaststättengewerbes in Bayern GmbH**
Königinstr. 17
80539 München
Tel. 0 89/2 12 40
Fax 0 89/21 24 25 86

**Kreditgarantiegemeinschaft
des bayerischen Gartenbaues
GmbH**
Königinstr. 17
80539 München
Tel. 0 89/2 12 40
Fax 0 89/21 24 25 86

**BBB Bürgschaftsbank zu
Berlin-Brandenburg GmbH**
Bismarckstr. 105
10625 Berlin
Tel. 0 30/31 10 04-0
Fax 0 30/31 10 04-55

**Bürgschaftsbank
Brandenburg GmbH (BBB)**
Steinstr. 104–106
14480 Potsdam
Tel. 03 31/6 49 63-0
Fax 03 31/6 49 63-21

**Bürgschaftsbank des
bremischen Handwerks
GmbH**
Ansgaritorstr. 24
28195 Bremen
Tel. 04 21/3 05 00-39
Fax 04 21/3 05 00-10

**Bremische Kreditgarantie-
gemeinschaft GmbH**
Balgebrückstr. 3–5
28195 Bremen
Tel./Fax 04 21/32 12 09

**Bürgschaftsgemeinschaft
Hamburg GmbH**
Hamburger Str. 23
22083 Hamburg
Tel. 0 40/22 70 13-0
Fax 0 40/22 70 13-10

Bürgschaftsbank Hessen GmbH
Bahnhofstr. 63
65185 Wiesbaden
Tel. 06 11/15 07-0
Fax 06 11/15 07-22

Bürgschaftsbank Mecklenburg-Vorpommern GmbH (BBMV)
Am Grünen Tal 19
19063 Schwerin
Tel. 03 85/34 04-0
Fax 03 85/37 71 38

Niedersächsische Bürgschaftsbank (NBB) GmbH
Schiffgraben 33
30175 Hannover
Tel. 05 11/3 37 05-0
Fax 05 11/3 37 05-55

Bürgschaftsbank Nordrhein-Westfalen GmbH
Hellersbergstr. 12
41460 Neuss
Tel. 0 21 31/10 70
Fax 0 21 31/10 72 22

Kredit-Garantiegemeinschaft des rheinland-pfälzischen Handwerks GmbH
Am Altenhof 15
67655 Kaiserslautern
Tel. 06 31/84 01-1 31
Fax 06 31/84 01-1 80

Kredit-Garantiegemeinschaft des Handels Rheinland-Pfalz GmbH
Ludwigstr. 7
55116 Mainz
Tel. 0 61 31/22 10 81
Fax 0 61 31/22 39 32

Investitions- und Strukturbank Rheinland-Pfalz (ISB) GmbH
Wilh.-Theodor-Römheld-Str. 22
55130 Mainz
Tel. 0 61 31/9 85-0
Fax 0 61 31/9 85-1 98

Bürgschaftsgesellschaft des saarländischen Handwerks mbH
Johannisstr. 2
66111 Saarbrücken
Tel. 06 81/30 33-0
Fax 06 81/3 03 31 00

Bürgschaftsbank Saarland GmbH
Johannisstr. 2
66111 Saarbrücken
Tel. 06 81/30 33-0
Fax 06 81/3 03 31 00

Bürgschaftsbank Sachsen GmbH
Anton-Graff-Str. 20
01309 Dresden
Tel. 03 51/44 09-0
Fax 03 51/44 09-1 50

Bürgschaftsbank Sachsen-Anhalt GmbH (BBST)
Große Diesdorfer Str. 228
39108 Magdeburg
Tel. 03 91/7 37 52-0
Fax 03 91/7 37 52-15

Bürgschaftsbank Schleswig-Holstein GmbH
Muhliusstr. 38
24103 Kiel
Tel. 04 31/59 38-0
Fax 04 31/59 38-1 60

Bürgschaftsbank
Thüringen GmbH (BBT)
Hirschlachufer 72
99084 Erfurt
Tel. 03 61/21 35-0
Fax 03 61/21 35-1 00/2 00

Bundesverband Deutscher
Kapitalbeteiligungs-
gesellschaften e. V. (BVK)
Karolingerplatz 10–11
14052 Berlin
Tel. 0 30/3 02 91 81/2
Fax 0 30/3 02 91 83

6. Förderung von Forschungs- und Innovationsprojekten

Bundesministerium für
Bildung, Wissenschaft,
Forschung und Technologie
(BMBF)
Heinemannstr. 2
53175 Bonn
Tel. 02 28/57-0
Fax 02 28/57-3601

Außenstelle Berlin
Hannoversche Str. 30
10115 Berlin
Tel. 0 30/3 99 81-01
Fax 0 30/3 99 81-2 70

Arbeitsgemeinschaft industri-
eller Forschungsvereinigungen
„Otto von Guericke" e. V.
(AiF)
Außenstelle Berlin
Tschaikowskistr. 49
13156 Berlin
Tel. 0 30/4 82 66 49
Fax 0 30/4 82 43 66

Arbeitsgemeinschaft
Deutscher Technologie und
Gründerzentren e. V. (ADT)
Rudower Chaussee 5
12489 Berlin
Tel. 0 30/63 92-62 21
Fax 0 30/63 92-62 22

tbg Technologie-Beteiligungs-
gesellschaft mbH der DtA
Wielandstr. 4
53107 Bonn
Tel. 02 28/8 31-22 90
Fax 02 28/8 31-25 59

Deutsche Aktionsgemeinschaft
Bildung-Erfindung-Innovation
e. V. (DABEI)
Burgstr. 126
53177 Bonn
Tel. 02 28/31 79 80
Fax 02 28/31 34 54

7. Förderhilfen für Umweltschutzprojekte

Deutsche Ausgleichsbank (DtA)
Wielandstr. 4
53170 Bonn
Info-Line 02 28/8 31-24 00
Fax 02 28/8 31 25 59

**Deutsche Ausgleichsbank
Niederlassung Berlin**
Sarrazinstr. 11–15
12159 Berlin
Tel. 0 30/8 50 85-0
Fax 0 30/8 50 85-2 99

**Kreditanstalt
für Wiederaufbau (KfW)**
Palmengartenstr. 5–9
60325 Frankfurt/Main
Tel. 0 69/74 31-0
Fax 0 69/74 31 29 44

8. Messeförderung

**Ausstellungs- und Messe-
Ausschuß der Deutschen
Wirtschaft e. V. (AUMA)**
Lindenstr. 8
50674 Köln
Tel. 02 21/2 09 07-0
Fax 02 21/2 09 07-12

**Bundesministerium für
Wirtschaft (BMWi)**
Villemombler Str. 76
53123 Bonn
Tel. 02 28/6 15-0
Fax 02 28/6 15-44 36

Dienstbereich Berlin
Scharnhorststr. 36
10115 Berlin
Tel. 0 30/20 14-9
Fax 0 30/20 14 70 10
Bürgertelefon: 0 30/20 14-76 48/49
Fax 0 30/20 14-70 33

**Bundesamt für Wirtschaft
(BAW)**
Frankfurter Str. 29–31
65760 Eschborn
Tel. 0 61 96/4 04-0
Fax 0 61 96/94 22 60

9. Leitstellen des Bundes

Gemeinsame Stelle des Bundesverbandes der Deutschen Industrie e. V. (BDI), Köln, der Bundesvereinigung der Deutschen Arbeitgeberverbände, Köln, und des Deutschen Industrie- und Handelstages (DIHT), Bonn, ist:

IHK – Gesellschaft zur Förderung der Außenwirtschaft und der Unternehmensführung mbH
Schönholzer Str. 10/11
13187 Berlin
Tel. 0 30/4 88 06-2 12,-2 14
Fax 0 30/4 88 06-2 32

Weitere Stellen sind:

Zentralverband des Deutschen Handwerks (ZDH)
Johanniterstr. 1
53113 Bonn
Tel. 02 28/5 45-0
Fax 02 28/5 45-2 05

Landesgewerbeförderungsstelle des Niedersächsischen Handwerks e. V.
Sedanstr. 72
30161 Hannover
Tel. 05 11/34 15 47
Fax 05 11/33 16 25

Landesgewerbeförderungsstelle des Nordrheinwestfälischen Handwerks e. V.
Auf'm Tetelberg 7
40221 Düsseldorf
Tel. 02 11/3 01 08-22
Fax 02 11/3 01 08 34

Leitstelle für Gewerbeförderungsmittel des Bundes
Gothaer Allee 2
50969 Köln

Tel. 02 21/36 25 17
Fax 02 21/36 25 12

Förderungsgesellschaft des BDS-DGV mbH für die gewerbliche Wirtschaft und Freie Berufe
August-Bier-Str. 18
53129 Bonn
Tel. 02 28/21 00 33-34
Fax 02 28/21 18 24

Bundesbetriebsberatungsstelle für den Deutschen Groß- und Außenhandel GmbH
Bonner Talweg 57
53113 Bonn
Tel. 02 28/2 60 04-43
Fax 02 28/2 60 04-35

Interhoga Gesellschaft zur Förderung des Deutschen Hotel- und Gaststättengewerbes mbH
53134 Bonn
Postfach 20 04 55
Tel. 02 28/82 00 80
Fax 02 28/82 00 84 6

Bundesverband des Deutschen Güterfernverkehrs e. V. (BDF)
Breitenbachstr. 1
60487 Frankfurt a. M.
Tel. 0 69/79 19-3 62
Fax 0 69/7 91 92 65

Deutscher
Reisebüro-Verband e. V.
Mannheimer Str. 15
60329 Frankfurt a. M.
Tel. 0 69/27 39 07-21
Fax 0 69/23 66 47

Bundesanstalt für Landwirt-
schaft und Ernährung
Adickesallee 140
60083 Frankfurt a. M.
Tel. 0 69/15 64-0
Fax 0 69/1 56 44-45

10. Die Wirtschaftsminister- und -senatoren der Länder

Ministerium für Wirtschaft, Mittelstand und Technologie Baden-Württemberg
Theodor-Heuss-Straße 1
70174 Stuttgart

Bayerisches Staatsministerium für Wirtschaft und Verkehr
Prinzregentenstraße 28
80538 München

Senatsverwaltung für Wirtschaft und Technologie
Martin-Luther-Straße 105
10825 Berlin

Senator für Wirtschaft und Außenhandel
Bahnhofsplatz 29
(Tivolihochhaus)
28195 Bremen

Behörde für Wirtschaft, Verkehr und Landwirtschaft
Alter Steinweg 4
20459 Hamburg

Hessisches Ministerium für Wirtschaft und Technik
Kaiser-Friedrich-Ring 75
(Landeshaus)
65185 Wiesbaden

Niedersächsisches Ministerium für Wirtschaft, Technologie und Verkehr
Friedrichswall 1
30159 Hannover

Ministerium für Wirtschaft, Mittelstand und Technologie des Landes Nordrhein-Westfalen
Haroldstr. 4
40213 Düsseldorf

Ministerium für Wirtschaft und Verkehr des Landes Rheinland-Pfalz
Bauhofstraße 4
55116 Mainz

Minister für Wirtschaft
Hardenbergstraße 8
66119 Saarbrücken

Ministerium für Wirtschaft und Verkehr des Landes Schleswig-Holstein
Düsternbrooker Weg 94–100
24105 Kiel

Stichwortverzeichnis